길, 경북을 걷다

길, 경북을 걷다

글 · 사진 윤석홍

도서출판 나루

들어가며

길은 삶의 은유이자 문명이 흐르는 강이다. 도시는 길의 접점에서 형성되고 길과 길로 연결된다. 길은 위안과 쉼의 공간이다. 길을 걸으면서 문화와 인간 삶의 흔적들을 확인할 뿐 아니라 생각이 샘솟고 건강을 얻는다. 이처럼 걷고 있을 때 살아있음을 느낀다. 비 오듯 땀이 쏟아지고 장딴지가 뻐근할 때면 또다른 희열을 느낀다. 힘이 닿는다면 고갯마루나 정상에 오른 후 발 아래 내려다보이는 그 세상 풍경을 보면서 사유의 시간을 갖고 싶다. 내가 길을 걷는 것은 몸으로 세상을 익히고 배우는 것이었다. 내가 던진 물음도 길에서 알았다. 그래서 길 위의 인생을 살아간 사람들을 사랑하게 되었고 이들 모두 나의 스승이고 애정하는 구루였다.

현대인들의 걷기 열풍은 '올레길', '둘레길'을 만들어냈다. 오랜 세월 자연의 품속에 숨어 있다가 새롭게 단장돼 속살을 드러내며 사람들의 발길을 유혹하는 길들이 경북에 즐비하다. 사람들은 건강과 여행, 트레킹 등 다양한 이유로 그 길을 찾아 집을 나선다. 경주 왕경에서 동해로 이어지는 '왕의 길', 조선 시대 선비의 품격이 낙동강을 따라 흐르는 병산서원에서 하회마을로 이어지는 '선비길', 유네스코 세계지질공원으로 지정된 청송 신성계곡을 따라 걷는 '녹색길', 청정 자연이 살아있는 '금강소나무길' 등 아름다운 길들이 '어서 와' 유혹하고 있다.

　길은 내가 일부러 찾아 나선 것은 아니었다. 길이 나를 이끌었고 불렀다. 이 땅에는 무수히 많은 길이 있다. 하지만 그런 길도 가지 않으면 길은 지워진다. 문명의 편리에 익숙한 사람들이 길을 조금씩 멀리하면서 길은 하나둘씩 잊어진다는 것은 우리들 기억에서 사라진다는 것을 뜻한다. 그 길에 남아있는 숱한 이야기와 애환도 함께 지워진다는 것에 서글프다.

　그동안 걸었던 길 가운데 이웃들과 함께 걸었으면 싶은 경북의 길을 모아 보았다. 이 길만큼은 오래 남아 사랑받았으면 하는 바람과 작은 위안이 되길 소망한다.

觀山齋에서

윤석홍

차 례

다시 걷고 싶은 경북의 길

경주,
달을 품은 함월산 왕의 길

신문왕이 나라 구할 옥대·만파식적 얻기 위해 걸었던 호국의 길

계절 변화는 놀라운 자연의 축복이다. 걷기 좋은 계절이 왔다. 봄春은 시간의 무게를 견디며 뿌리내려 버티는 삶에 대한 선물이자 신기루 같은 계절이다. '걷기예찬'을 쓴 다비드 르 브르통은 "걷기는 자신을 세계로 열어 놓는 것이다. 발로, 다리로, 몸으로 걸으면서 인간은 자신의 실존에 대해 행복한 감정을 되찾는다"라고 했다. 걷기 열풍은 지금도 진행형이다. 속도와 경쟁에 찌들었던 현대인들이 자연과 호흡하면서 본연의 모습으로 돌아가도록 해주는 힘과 마음을 활짝 열 기회를 제공한다. 걷기는 사람과 사람, 사람과 자연을 하나로 묶어주는 인문학人文學적 매력을 갖고 있다.

신라 선덕여왕 643년에 창건했고, 대적광전 앞에 500년 된 반송이 고풍스러움을 더한다

충효와 호국의 길

왕의 길, 어딘가 모르게 계급적인 냄새가 나고 값비싼 융단이라도 깔렸을 것 같은 느낌이 든다. 시골에서 보았던 눈에 익은 고샅길이나 골목길이 정겹고 포근하게 느껴지지만 '왕의 길'은 왠지 권위적이고 화려하지 않을까 하는 선입견이 틀렸음을 알았다. 길모퉁이마다 숨은 얘기와 설화를 간직한 '왕이 지나간 길'이 아니라 '세상 사람 모두를 주인공으로 만들어 주는 길'이란 의미로 다가왔다. 이 길을 걸었거나 걸어야 할 사람이라면 모두가 소중한 존재라는 생각과 자긍심을 갖게 될 것이다.

왕의 길은 편의상 네 구간으로 나누어진다. 경주시내 월성에서 시작해 월지~능지탑~황복사지~명활산성~덕동호~추원마을~모차골~수릿재~세수방~용연폭포~기림사~골굴사~감은사지~이견대~문무왕릉까지 동해로 이어지는 길을 말한다. 세 번째 구간에 해당하는 추원마을에서 기림사까지 걷는 왕의 길은 '신문왕 호국 행차길'로 석탈해가 신라로 들어왔던 길이자 문무왕 장례 행렬이 지나갔고, 신문왕이 마차를 타고 아버지 문무왕묘를 찾아가 나라를 구원할 옥대와 만파식적을 얻기 위해 행차한 충효와 호국이 서린 길이기도 하다. 추원마을~모차골~수렛재~세수방~불령봉표~용연폭포~기림사까지 편도 약 6km 거리다.

속 깊은 사람 같은 속 깊은 숲길

경주시내 월성에서 국립경주박물관 지나 7번 국도 따라 울산 방면으로 가다 보면 문무왕을 화장했다는 능지탑을 마주 보고 낮은 길을 올라 선덕여왕릉 이정표를 지나면 너른 보문 들녘이 나온다. 신문왕 아들 효소왕이 세웠다는 황복사지와 진평왕릉을 지나게 된다. 보문호수에 있는 명활산성과 보불삼거리에서 감포로 접어들면 덕동호가 눈에 잡힐 듯 들어온다. 구불구불한 길을 돌아 오르다 추령楸嶺재 가기 전 왕의 길을 알리는 이정표를 만난다. 경주시내에서 동해는 토함산吐含山으로 넘어가는 길과 추령재와 함월산으로 넘어가는 길이 있다. 함월산含月山(584m)은 달을 품고 있다고 해서 불린 이름이다. 왕의 길은 행차가 거창할 수밖에 없었기에 가파른 토함산과 추령재를 피해 산세가 비교적 완만하고 넓게 조성된 함월산 쪽으로 길을 잡은 것 같다. 추령터널 못미처 황룡약수터 방향으로 들어서면 추원마을이 나오고 모차골까지 약 2.4km로 시멘트와 포장길을 걸어야 한다. 황룡약수터 못미처 주차장을 새로 조성해 놓았다. 모차골 입구에 도착하면 인자암과 신문왕 호국행차길 간판 옆에 수렛재 1.4km, 용연폭포 3.5km 표지판이 눈에 들어온다. 모차골은 마차가 지나갔다고 해서 붙은 이름인데 마차길이 마차골, 모차골로 불리었을 것이다.

신문왕 호국행차 길 안내판은 인자암과 용연폭포에 있다

춘분 절기에 내린 봄눈을 밟으며 수렛재로 향했다. 죽은 듯 웅크린 나뭇

가지 끝마다 도톰하게 살이 올랐다. 하얀 눈으로 가득한 숲 사이를 유유자적 걸으니 왕이 된 기분이다. 골짜기엔 물이 넘쳐났다. 계곡을 끼고 천천히 수렛재에 올랐다.

신문왕은 수렛재를 넘으며 덜컹거리는 수레에서 무슨 생각을 했을까. 신문왕이 왕위에 오른 681년 무렵 정국은 어지러웠다. 장인 김흠돌이 난을 일으켰고, 수백 년 동안 신라를 괴롭혀온 왜구의 준동도 늘 고민거리였다. 이 어려운 시기를 극복하고 안정을 도모하고 삼국 통일 위업을 달성한 아버지에게서 그 해답을 찾으려는 것은 자연스러운 일이었을 것이다. 682년 아버지 유지를 받들어 감은사를 완성하고, 이듬해 아버지 무덤이 있는 대왕암을 찾기 위해 행차에 올랐다. 임금이 다녔던 길이기도 하지만 침입하는 왜구를 방어하기 위해 반드시 지켜야 하는 주요 방어선이었고 많은 군수품이 오갔다. 부모에 대한 지극한 효孝와 나라를 위한 충忠의 얼이 깃든 길이라고 할 수 있다. 숲에는 생강나무와 진달래가 철모르고 꽃을 피웠다.

조선 23대 순조 31년(1831) 10월에
세워진 불령봉표

말구부리와 세수방, 불령봉표

수렛재를 넘으면 가파른 내리막길인 말구부리다. 비탈길에 수레를 끌던 말들이 구부러졌던 곳이라 하여 붙여진 지명이다. 왕의 행차는 난관에 봉착했을 것이다. 깎아지른 듯한 길은 곧이어 세수방에 다다른다. 신문왕 일행이 쉬면서 손을 씻었던 개울에 붙여진 이름이다. 겨울에는 낙엽이 계곡을 덮어 물은 보이지 않지만, 물소리가 음악처럼 흐르기도 한다. 경주에서도 가장 오지奧地로 손꼽히고 사람이 살며 불을 땐 흔적과 화전을 일구었을 것으로 보이는 경작지들이 한눈에 들어오고 산사태를 막기 위해 쌓은 석축들을 볼 수 있다.

세수방을 지나 계곡을 서너 번 건너 완만한 오르막 고개에 불령봉표佛嶺封標가 비스듬히 누워 있다. 봉표는 조선 23대 임금 순조 31년(1831) 10월에 세웠다. 가로 1.2m, 세로 1.5m 크기의 화강석 표면에 '연경묘 향탄산인 계하 불령봉표延慶墓 香炭山因 啓下 佛嶺封標'라는 글귀가 새겨져 있다. 순조의 아들 연경(효명세자 묘호)묘의 봉제사와 그에 따른 경비를 조달하기 위해 숯을 만드는 산이니 일반인이 나무를 베는 일을 금지한다는 내용이다. 불령봉표 일대는 조선시대 고급 숯인 백탄白炭 생산지로 전해지고 있다. 백탄을 만들기 위해선 나무가 많이 필요했으므로, 벌채를 막고자 봉표를 설치한 것으로 보인다. 불령표석 주변에 숯가마터 흔적이 남아있다. 소중한 역사의 흔적이 고스란히 담긴 표석이 방치되고 있다는 것이 안타깝고 보존대책이 필요해 보였다.

만파식적과 용연폭포

불령봉표를 뒤로 하고 기림사祇林寺로 발길을 옮긴다. 내리막길이다. 모차골에서 기림사까지 고즈넉한 숲길을 걷기에 움직임이 단조로울 수 있다. 하지만 용연폭포에 이르면 그런 풍경과 단조로움은 이내 사라진다. 기암괴석과 어울려 쏟아내는 물줄기는 말 그대로 용이 놀다가 하늘로 곧바로 차고 오를 듯한 장엄함이 있다. 신문왕이 만파식적 대나무와 옥대를 동해의 해룡으로부터 얻어서 환궁할 때, 마중 나온 어린 태자가 옥대의 용 장식 하나를 떼어 시냇물에 담그니 진짜 용으로 변해 승천하고 시냇가는 깊이 패여 생긴 연못을 용연龍淵이라 했고 그때 용이 하늘로 올라가는 형상을 띤 폭포를 용연폭포라 불렀다고 한다. 왕은 그 대나무로 피리를 만들어 월성의 천존고天尊庫에 보관해 두었다. 이 피리를 불면 적병이 물러가고, 질병이 낫고, 가물 때는 비가 오고, 비 올 때는 비가 그치고, 바람이 가라앉고, 물결은 평온해졌다고 한다. 이 피리를 '거센 물결을 자게 하는 젓대'인 만파식적萬波息笛으로 불렀다. 그 당시 고통받는 민중들에게 꿈과 희망을 주고, 현실의 고통을 극복할 수 있는 길을 가상의 세계를 통해 찾으려 했을지도 모른다. 이 폭포 주변에 멸종위기 2급 어류인 독종개가 서식하고 있다.

용연폭포에서 기림사까지는 평온함으로 가득한 길이다. 기림사는 643년(선덕여왕 12) 천축국 승려 광유가 창건했고, 원효대사가 중창했다고 전해진다. 삼천불전과 그 아래 대적광전 앞에 500년 된 반송이 고풍스러움을 더한다. 기림사를 두루 둘러보고, 명부전 앞 오래된 감나무가 있는 길을 따라 돌아가면 주차장이 나오고 골굴사 지나 문무왕릉까지 갈 수 있다. 봄이면 꽃이 피고 연초록으로 가득한 길. 여름에는 나무 그늘 기운이 넘치는 시원한 길. 가을이면 형형색색으로 곱게 물들어 역사의 현장을 걷는 듯 착각에 빠져들게 하는 걷기 좋은 길이다. 경주 곳곳에 왕들이 걸었던 길 가운데 도심지에서 벗어나 있는 '신문왕 호국행차길'을 봄바람이 한껏 불어오는 가슴에 꽃 한 송이 마음에 달고 걸어보자.

용으로 변해 승천하여 생긴 용연폭포 주변에 독종개가 서식하고 있다

기림사 들어가는 길은 언제 가도 편안한 느낌을 준다

위치　경북 경주시 양북면 기림로 437-17

교통　자가운전, 대중교통 (시내버스)

코스　추원마을~모차골~수렛재~세수방~불령봉표~용연폭포~기림사 (편도 6km)

문의　경주시 관광컨벤션과 054-779-6077

포항,
원효와 혜공의 숨결로 가득한 오어지 둘레길

운제산 구름 자락 따라 오어지 거닐며 역사설화 속으로 여행

신라 진평왕 때 세운 오어사는 '삼국유사'에 나오는 절 가운데 몇 안 되는 현존하는 절로 꼭대기에 자장암이 있다

    오어사 오어지吾魚池로 향하는 도로변 벚꽃들이 활짝 피어 벚꽃 터널을 이루는 봄이면 살짝 부는 바람에 꽃비가 흩날리고 꽃잎은 물 위에 떠다닐 것이다. 그 기간이 너무 짧아 이 찬란한 환상적인 풍경도 자칫하면 내년을 기약해야 할지 모른다. 오어사 주차장에서 따사로운 봄볕을 받으며 오어사로 향한다. 1964년 운제산 계곡을 막아 만들어진 오어지는 겨우내 메말라 있다가 봄비로 인해 물이 가득 차 넘실거리고 있다.

사계절 멋진 풍광을 자랑하는 둘레길

원효대사와 혜공 선사가 수도하면서 산봉우리를 구름사다리로 왕래해 이름 붙여졌다던 운제산雲梯山(478m)에는 오어지를 맞대고 있는 오어사吾魚寺와 기암절벽 꼭대기에 제비 둥지처럼 내려앉은 자장암慈藏庵, 사색하기 좋은 오솔길이 있는 원효암元曉庵, 오어지를 끼고 돌 수 있는 걷기 좋은 둘레길이 있어 최근 이곳을 찾는 사람이 부쩍 늘었다. 소나무, 메타세쿼이아, 참나무 등 각종 활엽·침엽수림이 우거진데다 저수지 풍광이 빼어나 느긋하게 명상하며 걷기에 그만이다.

봄 햇살에 반짝이는 잔잔한 수면을 바라보며 일상에 찌든 마음을 씻고자 절집으로 들어간다. 저수지 주위를 산들이 감싸고 있어 수묵화처럼 펼쳐진 오어지는 물의 양이 무려 500만 톤에 달할 정도로 거대하고 넓다. 그 넉넉함으로 천년 고찰 오어사를 고즈넉이 품고 있다. 소중한 수변 공간이라는 장소 덕분에 이 절집은 좋은 풍광을 사계절 간직하고 있다. 삼국유사를 지은 일연 스님은 이곳에 일정 기간 머물며 방대한 저술을 남겼다. 그

오어지 둘레길 가는 길은 봄이면 벚꽃 터널을 이루고 있다

가 머물렀던 군위 인각사, 양양 진전사지, 청도 운문사와 이곳 오어사까지 전부 물가에 있었기에 새로운 창의력이 샘물처럼 솟아나지 않았나 하는 생각을 해본다.

　포장도로를 따라 걷다 만나는 최근에 세운 일주문을 지나면 오어사가 이내 눈에 들어온다. 오어지 둘레길을 걷기 전 준비 삼아 가까운 거리에 있는 자장암을 먼저 올라가 본다. 국내에서 보기 드문 산봉우리에 위치한 삼면이 절벽인 암봉 꼭대기에 자리 잡은 암자이지만 150m 거리라 산자락을 따라 부담 없이 오를 수 있다. 계단 초입부터 오랜 세월이 엿보이는 오어사 부도탑이 길을 안내한다. 잘 정비된 계단, 푹신한 흙, 나무뿌리, 돌계단이 번갈아 나오며 발바닥의 감각을 깨우고 걷는 즐거움을 느끼게 한다. 자장암에 올라 절벽 끝에 서서 눈앞에는 툭 터진 하늘이, 눈 아래에는 반짝이는 오어지와 운제산 자락 절벽 아래 자리한 절집을 내려다본다. 반달형 땅 위에 오어사가 있고 초승달 모양의 호수가 절을 에워싸고 있는 절경이 펼쳐진다. 천 년 전 원효 스님이 내려다본 풍경도 이와 같았을까. 관음전과 나한전을 거쳐 뒤편에 1998년에 조성된 부처님 진신사리를 모셔 놓은 세존진보탑이 있다.

원효암 가는 길에서 바라본 원효교, 현수교로 길이가 118.8m다

원효元曉, 자장慈藏, 의상義湘, 혜공惠空이 수도한 절

　오어사 주차장으로 다시 내려와 본격적으로 오어지 둘레길을 걷기 위해 길이 118.8m 원효교를 건너간다. 주변 풍경을 살피며 건너면 곧바로 이정표가 보인다. 왼쪽으로 진행한다. 오른쪽은 원효암 가는 길로 지난해 산사태로 폐쇄됐다. 활엽수와 소나무를 비롯한 침엽수가 함께 어우러진 울창한 숲길 사이로 진달래가 한창이다. 첫 갈림길에서 대골 방향으로 간다. 물과 길이 나란히 하는 둘레길을 걷노라면 정말 잘 왔다는 생각이 들 정도다. 화엄의 세계가 따로 없다. 길바닥 또한 부드러워 맨발로 걸어도 다칠 염려가 없을 정도다. 남생이바위 안내판에서 발길을 멈춘다. 남생이바위가 앙증맞게 수면 위로 올라와 자리하고 있다. 천연기념물 제453호인 남생이는 우리 민화에 자주 등장하는 동물이다. 산비탈을 깎아 만들어 낸 오르막과 내리막이 이어지는 짧은 길이지만 힘이 들 정도는 아니다. 삼거리 이정표 지나 곧바로 가면 메타세쿼이아 숲이 나온다. 팔각정자와 쉼터를 비롯한 여러 시설이 마련돼 있다. 여기서 잠시 오어사 창건 유래에 대해 알아보는 것도 또 다른 의미가 있지 않을까 싶다.

천연기념물 제453호인 남생이 모습을 한 남생이바위가 앙증맞게 자리하고 있다

오어사는 경북 포항시 남구 오천읍 항사리에 있는 신라 진평왕 때 세운 절로 '삼국유사'에 나오는 절 가운데 몇 안 되는 현존하는 절이다. 자세한 창건 내력은 알 수 없지만, 신라의 네 고승高僧 원효元曉(617~686), 자장慈藏(590~658), 의상義湘(625~702)과 더불어 '신라 4성聖'으로 불리는 혜공惠空(생몰연대 미상)이 수도했다고 알려져 있다. 대웅전은 조선 영조 17년(1741)에 중건한 정면 3칸, 측면 2칸의 다포 형식 팔작집으로, 천장이 화려하게 조각돼 있고, 정면의 꽃창살에 새겨진 국화와 모란이 그윽한 멋을 더한다. 1995년 11월 경북일보가 특종 보도한 저수지 준설 작업 중에 발견된 보물 제1280호 오어사 동종, 원효대사 삿갓과 숟가락은 오어사 유물박물관에 전시돼 있다.

　　한국 불교 최고 사상가인 원효대사가 유일하게 한 수 가르침을 청한 이가 혜공이다. 원효가 여러 가지 불경의 소疏를 찬술하고 있었는데, 언제나 혜공에게 가서 물었다. 혜공이 말년에 지금의 오어사에 머물 때 일이다. 오어사에 대한 유래 일화를 소개하면 이렇다.

　　하루는 둘이서 계곡 상류에서 놀다가 문득 장난기가 발동했는지 서로 법력을 시험하여 보고자 고기를 낚아 다시 살리는 재주를 겨뤘다. 그런데 둘의 실력이 막상막하하여서 좀처럼 승부가 나지 않다가 딱 한 마리 차이로 승부가 나게 되었다. 그래서 그 중 고기 한 마리를 놓고 서로 자기가 살린 고기라고 주장하였다고 한 데서 '나 오吾'와 '고기 어魚'자를 써서 오어사吾魚寺로 바뀌었다고 한다. 창건 당시 절 이름이 '항사사恒沙寺'였다가 '오어사'로 바뀌게 된 유래로 알려져 있다. '항사'란 '갠지스강의 모래알'이란 뜻인데, 불가에서는 '무한한 수'란 의미로 쓰인다. 삼국유사를 지은 일연一然(1206~1289) 스님은 항사사란 절 이름에 "항하(갠지스강)의 모래알처럼 많은 사람이 세속을 벗어났기 때문에 항사동이라 부른다"고 풀이한 각주를 달았다. 그 장면을 떠올리며 현수교 건너 새겨진 졸시 '그대 오어사에 와보셨나요'를 읽어본다.

그대 오어사에 와보셨나요

적바림에 잊고 있었던
혜공이 원효를 만나던 날

오어사 동종이 바람에
뎅뎅 혼자 울고 있었습니다

기운 빠진 여름이 풍경에
매달려 소리 공양 올리고

제비집처럼 지어진 자장암과
산 깊은 원효암에 올랐습니다

오어지가 보이는 법당에
인연이 물살로 흔들리고

산속 암자에 눌러앉아
그냥 쉬고 싶어집니다

원효와 혜공의 내공이
듬뿍 담긴 비빔밥 먹다

고기 똥 떨어지는 소리에
물고기 바람 타고 올라갑니다

그대 정말 오어사에 와보셨나요

원효교 건너 세워진 졸시 '그대 오어사에 와보셨나요' 표시판

    봄바람에 찰랑이는 물결 소리에 깨어 다시 길을 나선다. 완만한 경사길을 오르내리면 원터골에 다다른다. 오래전 오천에서 경주로 넘어가는 길목인 이곳은 심산유곡이라 해가 저물면 길을 찾기 어려워 고을 원님이 숙소를 지었는데 현재 그 터만 남아 '원터'라 불리고 있다. 저수지로 흘러드는 상류 계곡에 놓인 돌다리를 건너 나무계단을 올라 조금 전에 왔던 반대편 길을 바라보며 걷는다. 신작로 흙길 따라 가다 보면 황새등 쉼터에 닿는다. 저수지 상류를 가르는 산 모습이 황새를 닮았다 해서 붙여진 이름이다. 황새등 쉼터에서 안항사 입구 삼거리로 향한다. 이곳 삼거리에서 오어사 주차장까지는 약 2km 거리. 항사리 마을까지 1.9km, 다시 0.1km 더 가면 오어사 주차장이다. 항사리 마을까지는 포장도로지만 오어지를 보며 걷기에 지루하지 않다. 현재 오어지 정비 공사로 어수선하다. 이처럼 오어사 주차장을 출발해 오어사 원효교 건너 오어지 한 바퀴 돌아오는 둘레길은 7km로 2시간 가까이 걸린다.

사색하기 좋은 오솔길이 있는 원효암

만약 오어사 주차장으로 가지 말고 흙길을 걷고 싶으면 안항사 삼거리에서 처음 왔던 길로 다시 돌아가면 된다. 메타세쾨아이아 숲 쉼터 지나 삼거리 이정표에서 오어사 쪽으로 가지 말고 위쪽 헬기장 방향으로 올라 능선길을 걸어 헬기장까지 갔다가 원효암으로 내려오는 것도 괜찮다. 원효암에서 오어사 오는 길은 계곡 물소리와 함께 그늘이 가득해 어두운 숲길이다. 내려오다 콘크리트 다리 건너기 전 바위에서 잠시 걸음을 멈추고 주위를 돌아보면 햇빛에 반짝이는 오어지와 아담하게 자리한 오어사, 절벽위 아스라이 얹어진 자장암이 한 폭의 산수화처럼 펼쳐진다. 콘크리트 다리 건너 오어사 경내를 둘러본다. 이처럼 오어지 둘레길을 걷고 나면 오랫동안 이곳에서 스님들의 치열했던 구도求道 정신과 법문은 시간이 흘러도 변하지 않았다는 것을 알게 될 것이다. 다만 환경과 우리네 마음만 변해갈 뿐이다. '잠시 발길을 멈추고 하늘을 보고 땅을 보자. 이곳은 무수히 많은 역사와 설화가 여전히 살아 숨 쉬는 현장이다'라는 말이 생각나는 길이다.

위치 경북 포항시 남구 오천읍 오어로 1
교통 자가운전, 시내버스
코스 오어사~원터~안항사 입구~오어사 주차장~오어사 (편도 7km)
문의 포항시 관광산업과 054-270-2882

청송,
보석 같은 신성계곡 녹색길

징검다리 건너 기암괴석 아래 서면 지구 탄생의 역사가 성큼

신성계곡 녹색길을 걷다 보면 돌로 만든 징검다리를 자주 만난다

신록이 짙어지고 있다. 혹한의 추위가 기승을 부리던 때가 엊그제 같은데 꽃들이 다투어 피고 산과 들엔 온통 초록 물결로 가득한 몽환적 풍경을 연출하고 있다. 사람 소리보다 물소리, 새소리, 초록이 건너오는 소리를 듣고 싶다면 이름난 산이나 유명한 행락지는 피하는 게 좋다. 하지만 풍광 만큼은 빠지지 않아야 하는데 그런 조건을 갖춘 곳이 청송군 안덕면 신성리에서 고와리까지 걷는 신성계곡 '녹색길'이다.

'녹색길'은 안동시 길안면으로 이어지는 길안천川을 따라 나 있다. 청송

을 상징하는 과일을 생산하는 사과밭, 징검다리, 자연적 숲길, 인공적 농로, 갈대숲, 독특한 형상의 바위와 지형을 보며 걷기에 지루할 틈이 없는 길이다.

이 길을 따라 세계지질공원으로 지정된 청송의 지질특성을 보여주는 볼거리들이 즐비하다. 청송국가지질공원에는 24개의 지질명소가 있는데 주왕산 국립공원에 10개, 신성계곡에 4개가 있지만, 그 생김새와 규모가 모두 다르다. 특히 독특한 지질과 풍경을 지닌 주왕산 국립공원을 당당히 제치고 청송 8경 중 제1경에 오를 만큼 경관이 빼어난 곳이 바로 신성계곡이다.

신성계곡 녹색길에는 4개의 지질명소인 방호정 감입곡류천, 신성리 공룡 발자국 화석, 만안자암 단애, 백석탄 포트홀이 있다. 지질탐방로는 총 3개 구간으로 나누어져 있고 9개 소규모 주제에 맞는 길 이름을 각각 붙어주었다. 12km 거리로 천천히 쉬면서 걸어도 4시간 정도면 끝낼 수 있다.

방호정이 있는 감입곡류천 퇴적암 절벽은 약 1억 년 전 중생대 백악기에 만들어졌다

기암 단애 위에 지은 방호정, 공룡 발자국에 감탄사 절로

1구간은 안덕면 신성교 청송보현요양원에서 방호정 지나 헌실 쉼터에 이르는 산수과수원하천길로 4.2km거리다. 청송보현요양원을 출발해 처음 만나는 신성계곡 녹색길 안내센터는 청송국가지질공원 학습관을 겸하고 있다. 이곳에 들러 청송군 지질명소에 대한 설명은 물론 다양한 자료를 구할 수 있다.

찾아갔던 날 장연실 문화해설사를 만나 좋은 정보를 얻을 수 있었다. 안내센터에서 나와 방호정으로 향하는 길은 벚꽃이 한창이었다. 맞은편에 보이는 방호정과 퇴적암 절벽은 약 1억 년 전 중생대 백악기에 만들어진 것으로 암석이 잘게 부서져 생성된 퇴적물이 오랜 세월 동안 쌓여 지층의 변동-융기-침하로 인해 현재 모습 같은 단애가 형성되었다고 한다.

방호정교 입구에 올라서면 방호정 감입곡류천 안내판이 보이고 신성리 공룡 발자국 화석 안내판은 보이지 않는다. 2003년 태풍 매미로 인한 산사태로 사면이 깎이면서 공룡 발자국 400여 개가 발견된 곳이 신성리 공룡 발자국이다. 발이 큰 초식 공룡과 날렵한 육식 공룡이 걸어 다닌 흔적을 가까이서 뚜렷하게 볼 수 있다.

1억 년 전 살았던 공룡 발자국으로 추정하는데 단일 지층에서 발견된 공룡 발자국 가운데 국내 최대 규모라고 한다. 이곳을 가려면 방호정교 건너기 전 포장도로를 따라가거나 방대슈퍼 뒷길 계단을 통해 갈 수 있다. 시간을 내어 꼭 보고 가길 권한다. 신성리 공룡 발자국 화석 안내판을 빠른 시일 내에 설치할 계획이라고 한다.

신성리 공룡 발자국 화석을 천천히 둘러보고 내려와 방호정교를 건넌다. 방호정方壺亭은 조선 시대 조준도가 어머니 묘를 아침저녁으로 바라보

공룡 발자국 400여 개가 발견된 신성리 공룡 화석지

며 문안 인사를 올리기 위해 1619년에 지은 건물이다.

　방호정 솔밭 쉼터를 돌아가면 어릴 적 추억을 경험할 수 있는 돌 징검다리가 나온다. 비가 많이 내린 탓인지 신발을 벗고 건넌다. 앞에는 자생 회양목 군락지가 있는 암벽이 가로막고 있다.

　회양목은 석회암 지대에서 자라는 대표적인 나무로 봄철에 꽃을 피운다. 척박한 바위 위에 뿌리내리고 단단하게 자라기에 도장이나 바둑알 재료로 쓰이고 있다. 검은 바위와 초록이 어우러진 형상이 고스란히 물에 반영된 모습은 한 폭의 수채화였다. 조준도가 이곳에 방호정을 지은 것도 이 같은 풍광에 매료되었기 때문일 것이다. 잠시 이런 풍경을 보고 있으면 누구라도 피안彼岸의 세계로 들어온 듯한 착각에 빠질 것 같다.

　사과밭과 나란히 하는 콘크리트 농로가 끝나는 지점에서 징검다리를 건너자 수달 배설물로 추정되는 물체가 돌에 보인다. 길안천 왼쪽을 따라 걷는 참나무 숲길은 마음을 편하게 해준다. 건너편 군도 15호를 바라보며 걷다 모퉁이를 돌아가면 오르막 산길을 만난다. 도로가 개설되기 전에는 사람과 물자가 오갔던 중요한 길이다.

조금 올라가면 '신성계곡 한반도 지형' 안내판이 있다. 한반도 지형을 한 곳이 전국에 몇 군데가 있다. 영월 선암마을, 정선 상정바위산, 옥천 돈주봉, 정선 병방산, 영동 월류봉으로 신성계곡도 이 중 한 곳이다.

숲속에 들어와 있으니 주변을 둘러보아도 이 지형을 찾아볼 수 없다. 길안천 건너 맞은 편 탕건바위에 올라야 볼 수 있다는 설명을 추가로 부착해야 할 것 같다.

파노라마처럼 펼쳐진 붉은 단애, 자암

2구간은 갈대봇도랑길로 헌실 쉼터를 출발해 반딧불농장까지 가는 2.9km의 짧은 거리다. 사과밭과 길안천 사이로 난 콘크리트 농로를 걷는다. 나무 그늘이 없어 한낮에는 걷기가 힘들 것 같다. 헌실교를 건너지 말고 곧바로 가면 청송의 대표적 돌로 알려진 꽃돌 징검다리를 만난다. 이 일대는 갈대숲을 이루고 있어 늦가을에 오면 좋을 것 같다. 작은 개울을 뜻하는 봇도랑이 종종 보인다. 헌실, 논실, 두들막 같은 옛 마을 이름이 정겹다. 길안천은 겉으로 보기에 맑아 보이지만 오염되어 가고 있어 특별한 관리 대책이 있어야 할 것 같다.

낙석위험 지역을 지나자 신성계곡 절경 가운데 백석탄 포트홀과 더불어 첫째를 다툰다는 만안자애 단애인 자암紫巖이 나타난다. 붉은 바위를 뜻하는 자암은 적벽 또는 병풍바위라고 부르고 있다. 이 자암은 중생대 백악기 퇴적암으로 오랜 세월 동안 물이 흐르며 바위 벽면을 깎아내어 현재와 같은 단애를 형성했다고 한다. 높이 50m, 길이 300m로 청송 다른 지역에서도 찾아보기 힘들고 철분 함유량이 많아 유독 붉게 보인다고 한다. 바위

붉은 바위를 뜻하는 자암은 적벽 또는 병풍바위라로 부르고 있다

위쪽에는 푸른 잎과 붉은 벽이 묘한 대비를 이룬다. 길안천과 노래천이 만나는 새마을교 아래에 규모가 큰 야영장이 만들어져 있고, 해마다 8월에 다슬기축제가 열린다. 새마을교 아래 작은 징검다리를 건너 930번 지방도로로 올라와 새마을교를 건너며 바라본 자암 단애 모습이 한눈에 들어온다. 지소교까지 곧장 가면 2구간이 끝나는 반딧불농장에 도착한다. 지소리 마을 주민들의 시원한 여름나기 지혜가 담긴 '푸질'이라는 마을공동체 놀이가 있어 눈길을 끈다.

　호젓한 숲길 따라 걸으며 마주하는 기암괴석

　마지막 3구간은 반딧불농장에서 묵은재휴게소까지 맑은 물과 나무 그늘 숲을 걸으며 기암괴석을 볼 수 있는 4.7km 백석탄길이다. 길안천과 사과밭 사이로 난 길이 끝나면 지소리 돌보라는 제법 긴 징검다리를 건넌다. 큰 돌을 잘 다듬어 만들었다. 모퉁이를 살짝 돌아가면 규모가 큰 사과밭 사이로 난 농로를 걷는다. 가을이면 붉은 사과가 '어서 와'하고 반겨줄 것 같다.

구덕교 가기 전 왼쪽 둑길을 따라간다. 신성계곡 녹색길 중 인공적으로 설치한 목책교(데크) 대신 자연 그대로 만든 매우 돋보이는 숲길이다. 길바닥이 고르지 못해 주의해서 걸어야 한다. 숲에 가려 백석탄白石灘의 진면목을 볼 수 없고 건너편 도로에서 보아야 볼 수 있다는 아쉬움이 있다. 명품 남근석이 있다는 안내문을 보고 든 생각은 그 자리에서 실제 볼 수가 없고 시대적으로 적합하지 않아 없애는 것이 좋겠다는 생각이 들었다.

신성계곡 백미인 백석탄 포트홀이 모여 있는 1km 구간에 하얀 바위가 독특한 자태로 뽐내고 있다. 석영과 장석의 함유량이 많아 바위가 밝은색을 띠는데 종종 포트홀Porthole도 볼 수 있다고 한다. 포트홀이란 오랜 세월 물과 모래가 소용돌이치면서 바위에 만들어낸 구멍이다.

이밖에 줄무늬 셔츠처럼 무늬가 확연한 '층리', 바위가 굳기 전 생물체가 지나간 흔적이 또렷한 '생물교란구조'등을 볼 수 있다는데 전문가가 아니면 찾기 어려울 것 같다. 한마디로 살아있는 암석 자연 교과서다. 지질에 별 관심이 없는 이들 모두가 백석탄 모습을 보는 순간 감탄사가 절로 나올 것이다.

'하얀 돌이 반짝이는 여울'이라는 뜻과 바위 때깔이 고와서 마을 이름도 고와리다. 임진왜란 때 의병장 고응척 장군이 전투에서 패하고 이곳에 도착해 잠에서 깨어나서 본 백석탄 비경이 천당 같아 놀랐고 자신이 살아있는 것을 확인하고는 바위도 곱고 사람 마음도 고와서 고와리라고 했다는 설이 있다.

백석탄 포트홀을 뒤로하고 다시 길을 걷다 끝나는 지점에 고와리 잠수

살아있는 암석 자연 교과서로 불리는 백석탄 포트홀은 감탄사가 절로 나오게 한다

교가 나타난다. 처음 녹색길을 낼 때는 이 과수원을 통과해 징검다리를 건너 고와1교 아래로 갔지만, 지금은 과수원으로 가지 못하고 고와리 잠수교를 건너 도로 따라 걸어서 고와1교까지 가는 것으로 바뀌었다.

탐방객 안전을 위해 새로 길을 조성할 계획이라고 하니 길도 변하고 길 이름도 바뀌며 진화한다는 사실을 알 수 있다. 도로 위를 걷다 보면 과수원으로 난 옛길과 징검다리를 볼 수 있다. 처음 낸 길로 갈 수 없는 것은 야생동물로 인한 농가 피해를 막기 위해 철조망을 쳤기 때문이라는 설명을 들었다. 고와리 도예촌 가마터 지나 고와1교 아래 오른쪽 둑길 역시 그늘이 없다. 마지막 징검다리를 건넌다.

바위 절벽을 보고 돌아가면 청송과 안동 경계인 고와2교와 솔고개 묵은재 휴게소에 도착하면 신성계곡 녹색길이 끝난다. 휴게소는 문을 닫은 지 오래된 듯하고 차를 주차할만한 공간이 없어 주차장을 조성해야 할 것 같다. 비가 많이 왔다면 신성계곡 녹색길 안내센터(054-873-5116)에 미리 알아보고 갈 것을 권한다. 일반 대중교통편을 이용해 접근하기에는 어려울 수 있지만 탐방로 곳곳에 버스 운행 시간표를 설치해 놓았으니 참고하면 좋을 것이다.

이 길을 걸으며 느낀 것은 인공적으로 설치한 데크보다 생업을 위해 만들어진 농로와 숲길, 드넓은 사과밭, 잠시 어릴 적 동심으로 돌아갈 수 있었던 징검다리가 인상적이었다. 단순히 계곡을 따라 걷는 길이라면 그런 생각을 바꾸어야 할 것이다. 그 이유는 유네스코 세계지질공원으로 등재된 것에서 알 수 있듯이 지구가 어떻게 형성되었는지를 있는 그대로 보여주는 유산들이 고스란히 남아있는 '지질천국'이기 때문이다.

공룡이 뛰어놀고 용암이 분출해 만들어진 그 어디에도 볼 수 없는 특별한 계곡이다. 이 길을 걷고 나면 독특한 풍광에 매료되어 쉽게 잊지 못할 것이다. 은밀하게 사람 마음을 끌어당기는 매력을 느껴보기 위해서라도 천천히 사유하며 걸어볼 일이다.

"귀 기울여 들어라. 그런 다음 네 심장이 뛰는 소리를 귀 기울여 들어라. 네 발자국이 대지 위에 내는 소리를 기울여라. 이 대지는 커다란 북이다. 너는 그 북소리를 잘 내고 있느냐." 아베나키족 작가인 부르차크의 글이다. 대지가 내는 모든 소리와 나를 향해 들려주는 모든 이야기들을 듣는 것이 바로 깨달음에 이르는 길임을 꽃잎이 피고 지는 봄날에 새삼 깨닫는다. 봄이 이렇게 오고 가는 시절에.

위치   경북 청송군 안덕면 방호정로 50
교통   자가운전, 대중교통
코스   신성계곡 안내센터~방호정~헌실쉼터~백석탄~목은재휴게소 (편도 11.8km)
문의   신성계곡 녹색길 안내센터 054-873-5116

징검다리를 건너기 위해 신발을 벗기도 해야 한다

군위,
한밤마을 10리 돌담길

구불구불 삐뚤삐뚤, 돌담따라 발길따라

"돌담에 속삭이는 햇발같이/ 풀 아래 웃음짓는 샘물같이/ 내 마음 고요히 고운 봄 길 위에/ 오늘 하루 하늘을 우러르고 싶다." 김영랑 시인의 시 '돌담에 속삭이는 햇발같이'의 배경을 고스란히 현실에 옮겨 놓은 듯한 곳이 바로 군위군 부계면 대율리 한밤마을이다.

대구광역시 팔공산 자락에서 발원한 남천·동산계곡 물길(위천 상류)이 만나는 지점 바로 위쪽에 자리 잡고 있다. 순수한 우리말로 '한밤마을'이라 불리는 이곳은 제주도를 닮은 돌담으로 널리 알려져 있어서 많은 사람이 알음알음 찾아오고 있다.

이끼를 머금은 돌담은 이어지고 끊기며 미로 같은 골목길을 만들어낸다

‘한밤마을’이라 불리는 이유는 ‘일’이나 ‘대’는 크거나 많음을 뜻하므로, 팔공산 북쪽의 너른 산자락에 바짝 붙은 마을이라 밤이 길다는 의미로 이름 붙였다는 것이 정설로 알려졌다. 행정명이 대율리大栗里로 불린다는 이유로 밤이 풍성한 마을로 짐작하지만, 사실 밤나무는 많지 않다. 마을 이름에 얽힌 사연에 따르면 처음 이곳에 마을을 이루고 살던 사람들은 일야一夜라는 이름을 썼고, 950년께 이르러 대야大夜라고 고쳤다 전해진다. 시간이 흘러 1390년 무렵 한밤마을에 부락을 이룬 부림 홍씨의 14대손 홍노라는 사람이 마을 이름 안에 밤 야夜는 좋지 않다 하여 음이 같은 밤 율栗로 고쳐 쓴 것이 현재까지 쓰이고 있다고 전한다.

　돌과 바람, 자연이 빚은 마을

이끼로 덮혀 있는 돌담이 세월의 흔적을 말해준다

마을 내력을 좀 더 알아보면 한밤마을이 제주도를 닮았다는 이야기에 어느 정도 이해가 간다. 우리가 알고 있는 제주도는 돌과 바람, 그리고 여자(해녀)가 많다고 하지 않았던가. 이 가운데 여자를 제외한 돌과 바람이 한밤마을에도 많이 있으니 괜히 제주도를 닮았다는 게 억지는 아닌 셈이다.

　　이처럼 돌이 많이 있었던 것은 마을 터를 잡을 때부터 땅을 파면 돌이 나와 그 돌을 주춧돌 삼아 집을 지었다는 이야기가 있고, 1930년 여름 홍수 때의 일로 늦은 밤에 두 시간 넘게 퍼부은 비가 골짜기를 순식간에 휩쓸고 가면서 발생한 산사태와 수해로 93 가옥이 유실되고, 92명이 죽거나 다쳤으며 360여 명의 이재민이 발생했다고 한다.

　　대참사가 발생한 이듬해 수해 전말을 기록해 세운 '수해기념비'가 대율 2리 도로변에 있다. 대홍수는 한밤마을 사람들의 삶의 터전을 송두리째 빼앗았지만 살아남은 사람들은 돌을 지고 날라 돌담을, 얼마 뒤엔 사방에 널린 돌들을 이용해, 수해가 컸던 동산계곡 물길 둔치를 따라 길이 1km가량의 '돌방천防川'을 쌓았다.

한밤마을 돌담 옛길 이정표가 정겹다

대율리교회 옆으로 가면, 둔치를 따라 이어진 높이 2m 정도의 단면이 사다리꼴 모양인 돌축대를 볼 수 있다. 현재 800m 정도가 온전하게 남아 있다. 팔공산 돌들이 한밤마을로 쓸려왔고, 사람들은 그 돌로 담장을 쌓은 것은 자연의 섭리를 거스르지 않고 오히려 재해를 활용해 마을을 꾸몄다는 사실을 눈여겨볼 필요가 있다.

이처럼 한밤마을은 모든 것을 잃었던 슬픔과 절망 속에서 새로 태어난 뼈아픈 과거를 가진 마을이다. 비단 집뿐만 아니라 마을 내에 자리 잡은 과수원과 밭에도 돌담을 둘러놓은 것이 눈길을 끈다. 돌이 많다 보니 바람 때문에 농사가 시원치 않았던 것을 떠올리고 돌담으로 바람을 막았으니 자연의 순리를 슬기롭게 대처한 선조들의 지혜가 돋보이는 대목이다.

한밤마을에서는 시골 동네의 한적함을 즐길 수 있으면서도 '자연 위에 세운 마을'을 직접 눈으로 보는 경험으로 가득 채울 수 있는 곳이기도 하다. 아기자기한 돌담길을 만든 돌은 작게는 지름이 10㎝ 정도 되는 주먹돌부터 크게는 80㎝ 정도 호박돌까지 매우 다양하다. 돌담 높이는 1.5~1.7m 정도로 낮은 것이 인상적이다. 이처럼 돌담은 꾸밈없이 투박했다.

날씨가 더워지자 담을 덮고 있던 푸른 잎들이 상큼하기 그지없고, 그대로 달려와 안아줄 것 같은 포근함이 느껴진다. 집집마다 경계를 이루고 있는 돌담들은 집을 구분 짓는 하나의 벽이라기보다 집 사이로 난 미로迷路였다.

한밤마을 돌담길 걷기는 한밤마을 주차장~성안숲과 대율초등학교 입구~대율리 석불입상~한밤마을 돌담길 이리저리 돌아보기~ 군위아미타여래삼존 석굴 순으로 걸으면 된다. 거리는 약 4.8km로 2시간 30분에서 3시간 정도 걸린다.

마을을 지켜주는 신성한 공간, 성안숲

한밤마을 걷기는 주차장을 출발해 마을 북쪽 입구에 조성된 성안숲부터 시작한다. 성안숲은 팔공산 자락이 마을의 동·서·남 방면을 성처럼 둘러싸고 있는 데서 비롯한 이름이다. 임진왜란 당시에는 홍천뢰 장군이 의병을 훈련 시켰던 곳이기도 하고, 마을을 보호하는 신성한 공간으로의 의미도 깊다. 도로 양쪽으로 각각 만들어진 성안숲에 몸을 이리저리 뒤튼 소나무들이 마을의 모습을 보일락말락 감추어 보호막 역할을 하고 있다.

북쪽에서 불어오는 겨울 찬 바람을 막아주는 것이 주목적이었을 것이고, 여름에는 솔바람이 휘도는 시원한 쉼터 역할을 했을 것이다. 현재는 마을을 남북으로 가로지르는 908번 도로로 인해 숲이 양쪽으로 갈라졌지만, 옛날에는 숲도, 마을도 한데 모아져 있다 보니 규모가 제법 컸다고 한다.

성안숲 소나무들이 마을을 지켜주는 신성한 공간이다

성안숲으로 들어서기 전 살펴봐야 할 것은 한밤마을을 상징하는 조형물로 도로 한가운데 세워진 진동단鎭洞壇이라는 이름의 돌솟대다. 화강암으로 세운 솟대의 꼭대기에는 오리 한 마리가 앙증맞게 자리를 잡고 있다. 이 진동단은 한밤마을의 풍수지리학적 위치와 연관이 있다고 한다. 배의 형세를 띤 한밤마을이기에 돛대 또는 닻의 역할을 하는 진동단을 세워 '움직임을 다스려'달라는 기원을 담고 있다.

　이같은 바람은 1930년 대홍수가 난 이후로 그 필요성이 더욱 절실해졌을 것이다. 그래서 1966년에 화강암으로 진동단 솟대를 세웠다고 한다. 한밤마을 어디에도 우물이 없다는 점인데 풍수지리학상 마을 자체가 배의 형상이다 보니 우물은 배에 구멍을 뚫는 거나 마찬가지란 이유에서다. 우물이 없는 것이 마을이 형성된 시점부터인지, 아니면 대홍수 이후 만들어진 금기인지는 알 수 없다.

화강암으로 세운 진동단이라는 돌솟대다

어느 때 와도 좋은 한밤마을 돌담길

　임진왜란 때 이 마을 출신으로 영천성 전투에서 큰 공을 세운 홍천뢰 장
군이 의병들을 모아 훈련을 하기 위해 만든 숲으로 숲 한가운데에 홍천뢰
장군 추모비가 세워져 있다. 성안숲을 천천히 둘러보고 나면 본격적인 한
밤마을 산책이 시작된다. 한밤마을로 들어가는 입구 앞에 간략한 마을 안
내도가 있으니 참고하면 된다. 한밤마을은 대율1, 2리와 남산1, 2리, 동산
1, 2리 등 6개 리로 이루어진 큰 마을이다.
　길이 얼기설기 얽혀있어 복잡해 보이지만 어떤 길에서든 마을 중앙으로
향하면 대율리 대청을 찾아갈 수 있음을 알 수 있다. 즉, 대율리 대청을 등
대로 삼으면 복잡한 돌담길 안에서도 길을 잃지 않을 수 있다. 거의 모든
집이 이끼 낀 돌담을 둘렀다. 구불구불 삐뚤빼뚤, 돌담은 이어지고 끊기며
미로 같은 골목길을 만들어낸다.

대율리 대청은 경상북도 유형문화재 제262호로 지정되어 있다

돌담 위론 산수유나무, 감나무, 사과나무, 은행나무가 많다. 봄과 여름에는 푸른 잎으로, 가을에는 빨갛게 익어가는 산수유 열매, 주황빛 감, 아무렇게나 떨어져 구르는 샛노란 은행과 은행잎, 겨울에는 바람에 쓸리는 말라붙은 담쟁이 잎들이 가던 걸음을 멈추게 한다. 이처럼 오랜 세월 쌓이고 반복되어 닳아 온 돌담들이, 한사코 안온하게 감싸고 있는 건 낡은 한옥이다. 한마디로 '돌담도 길고 밤도 길다'라고 해도 틀린 말은 아닐 것이다.

사방으로 이어진 돌담길에는 특별한 이정표가 없다. 그래서 돌담길이 4km 정도라고 하는 이도 있고, 6km 가 넘는다고 하는데 거리가 무슨 의미가 있을까. 그냥 걷고 싶은 대로 걸으면 된다. 걷는 순서도 없고 걷는 사람 마음이다. 그저 걷고 싶은 사람 발길 머무는 대로 따라갈 뿐이다.

앞에서 이야기했지만, 한밤마을 걷기의 중요한 이정표가 되어주는 대율리 대청大廳은 꼭 기억해 둘 일이다. 이 마을 자랑거리이기도 하지만 전통가옥들 중심부에 자리 잡고 있다 보니 돌담길을 걸을 때 위치 파악에 도움을 주기 때문이다. 이 대청은 경상북도 유형문화재 제262호로 지정되어 있다.

한때 학동들을 가르치는 서당으로 쓰였으며 지금은 마을의 경로당이자 문화공간으로 이용되고 있다. 본디 대청이란 공간이 집의 가운데에 있는 마루를 뜻하는 것인바, 대율리 대청도 예외는 아니었다. 이 대청 앞에 한밤 돌담 옛길 1, 2, 3 이정표 팻말이 있으니 참고하면 된다.

어느 시인은 자세히 오래 보아야 예쁘다고 시를 썼다. 아무것도 아닌 한 줄 문장에 삶의 심연이 들어 있다. 가만히 오래 보자니 꽃보다 잎이 고맙다. 한바탕 소란한 꽃의 일보다 몇 계절을 건너도 뭉근할 잎의 일이 덕스럽다. 먼데 보는 눈은 흐려져도 봄마다 깊어지는 눈이었으면 한다. 겨우겨우 꽃이나 알아보는 눈 말고 우물처럼 깊은 눈 말이다. 만물이 다 유심해지는 눈. 오래 볼 줄 아는 근력만은 팽팽해져서, 해마다 잎이 더 감사해져서, 봄꽃의 생이 짧거나 말거나 애태우지 않는 한밤마을 돌담을 연초록 잎으로 덮고 있는 모습을 보면서 그 넉넉함을 배우고 느낀다.

대율리 마을 정류소에 있는 우체통이 정겹다   남천고택 집안 댓돌에 하얀 고무신이 가지런히 놓여 있다

위치   경북 군위군 부계면 한티로 2137-3

교통   자가운전, 대중교통

코스   한밤마을 주차장~대율리 석불입상~한밤마을~군위 삼존석굴 (편도 4.8km)

문의   군위군 문화관광과 054-380-6915

영양,
대티골 아름다운 숲길
일월산 두르고 반변천 흐르는 옛 31번 국도 숲길

경북 영양 일월산 자락에 일제 수탈의 아픔을 오롯이 간직하고 있는, 한恨 서린 길이 있다. '대티골 아름다운 숲길'이다. 경북 봉화·영양·청송과 강원도 영월을 잇는 240km가 넘는 도보길인 '외씨버선길' 일곱 번째 '치유의 길' 일부 구간이기도 하다.

영양으로 가는 길은 온통 초록으로 가득했고 며칠 내린 비로 미세먼지도 없고 푸른 하늘을 보여주었다. 눈부신 5월 햇살에 온통 초록 물감 가득한 풍광이 잠시 세속을 잊게 한다.

일제강점기 수탈과 훼손의 아픈 역사 흔적 남아있는 길

영양읍에서 31번 국도를 따라 봉화로 향한다. 길을 따라 좌우를 오가며 유유히 흐르는 물줄기가 바로 반변천이다. 영양을 이야기할 때 물줄기는 반변천, 산줄기는 일월산日月山을 빼놓을 수 없다. 일월산에서 발원한 반변천은 영양을 남북으로 종단한 뒤 청송을 지나 임하댐에서 낙동강과 만나는 물줄기다. 길이는 109.4km, 반변천 발원지는 윗대티에 있다. 북쪽으로 달리는 길 좌우로 깎아지르는 듯한 절벽이 거대한 석상처럼 버티고 서있다. 절벽 퇴적층을 따라 나타나는 초록 물결이 아무리 잘 그린 진경산수화인들 여기에 비하랴. 길옆 곳곳에 심어진 붉은 단풍나무가 녹색 푸르름과 묘한 대비를 일으키며 눈길을 끈다.

옛 국도 길은 원래 영양군 일월면과 봉화군 재산면을 잇는 31번 국도였다. 산의 등줄기와 목덜미를 잘라 길을 냈다. 일월산에서 캐낸 광물을 봉화군 장군광업소로 실어가기 위해서였다. 해방 후에는 일월산의 질 좋은 소나무를 베어내 옮기는 임도林道로 사용됐다. 이처럼 '수탈의 역사'가 고스란히 남아있는 한恨 맺힌 길은 새롭게 포장된 직선도로가 생기면서 우리 기억에서 조금씩 잊혀져 갔다. 자연스레 발길이 끊어졌고 길은 방치됐다. 금강송이 즐비한 옛 국도길 중간에 서 있는 '영양 28km'라는 빛바랜 이정표가 수탈과 훼손의 아픈 역사를 증언하고 있을 뿐이다.

외씨버선길은 경북 청송에서 강원도 영월까지 이어지는 15개 코스 240km에 이른다

대티골 아름다운 숲길은 영양군 일월면 용화리 일월산자생화공원에서 시작해 대티골 경로당, 대티골 숲길 입구, 진등 반변천 발원지 쉼터, 칠(漆)밭목 삼거리(옛마을길 끝 지점), 반변천 발원지 이정표, 큰골삼거리, 대티골 주차장, 숲길입구, 일월산자생화공원으로 다시 돌아오는 7.6km 정도 거

리다. 천천히 걸으면 3시간 정도 잡아야 하지만 형편에 따라 중간에서 다른 방향으로 갈 수 있어 부담 없이 다녀올 수 있다.

'일월산자생화공원'은 1939년 일제강점기 광물을 수탈해 간 옛 광산 모습이 남아 있다

출발지인 '일월산자생화공원'은 1939년 일제강점기에 일본은 경북 내륙의 가장 깊은 일월산日月山까지 들어와 광물을 수탈해 갔다. 일월산 광산에서 캐낸 금, 은, 동, 아연은 일본 나카가와광업주식회사에서 건설한 선광장으로 옮겨 광물을 제련했던 곳이다.

공원을 지나 31번 국도를 따라 조금만 올라가면 왼편으로 '자연치유 생태마을 대티골'을 알리는 커다란 녹색 표지가 눈에 들어오고 좀 더 걸어가면 '토속신앙 본거지 총본산', '일월산 황씨 부인당'을 알리는 표지가 보인다. 바로 오른쪽 봉화로 향하는 새로 난 포장도로가 있지만 지금 걸어야 할 길은 수탈의 아픈 역사를 간직한 길이다. 곧바로 좁은 포장도로를 따라가다 보면 왼쪽에 황토구들방 집 앞에 쉼터 정자가 있다.

영양군과 봉화군을 잇던 옛 국도

이곳에서 그대로 올라가면 대티골 주차장과 큰골 삼거리로 가게 되고, 오른쪽 외씨버선길을 알리는 리본과 안내판을 따라 옛 국도로 향한다. 길 옆에는 전봇대와 통신선이 나란히 한다. 새 도로가 생기면서 용도 폐기된 국도가 전국에 한두 곳이랴마는 이 곳이 새삼스러운 이유는 예전에 차가 다녔던 정취가 물씬 풍기는 신작로 길이고 앞에서 이야기했듯이 슬픈 역사의 아픔을 간직한 길이라는 점 때문이다. 수십 굽이를 돌고 돌아 일월산 자락을 아우른 뒤 봉화로 넘어간다.

옛 국도길 중간에 서 있는 '영양 28km'라는 빛바랜 이정표가
수탈과 훼손의 아픈 역사를 증언하고 있을 뿐이다

일월산은 해발 1219m로 경상북도에서 가장 높은 산이다. 새로 난 국도는 영양과 봉화터널을 지난다. 터널이 뚫리면서 길이 직선으로 나기 전까지 옛 국도는 이렇게 산 중턱을 돌고 돌며 꼬불꼬불 길을 냈다. 일제가 일월산 용화광산을 개발하고 광물을 효과적으로 수탈하기 위해 만든 길이다. 삽이나 곡괭이 같은 가장 기본적인 도구로 이 험한 산에 길을 내거나

광물을 옮겨간 이들 모두 시대를 앞서 살았던 우리 조상들이었다.

하지만 새로 국도가 개설되자 쓸모없는 길로 방치되었고, 광산도 문을 닫게 되며 물자 수송로의 역할도 자연스레 끝났다. 옛 국도는 평탄하게 잘 다듬어져 있고 굽이도 심하지만, 하늘을 향해 쭉쭉 뻗은 잘생긴 소나무들 사이로 나 있다. 네댓 명이 나란히 걸을 수 있을 정도로 넓다. 혼자 생각에 잠겨 걸어도 좋고 여럿이 수다를 떨며 걸어도 좋을 길이다.

옛 국도를 따라 천천히 주변 풍경을 보면서 가다 보면 첫 쉼터가 나온다. 여기서 잠시 쉬었다 가도 좋다. 정말 이 길로 차가 다녔을까 하는 생각이 들지만 군데군데 돌로 쌓고 무너져 내린 흙을 치우며 다듬은 흔적이 보인다. 왼쪽으로 일월산 정상에 설치된 군사시설물과 초록 능선이 눈에 들어온다.

반변천 발원지가 있는 외씨버선길 일곱 번째 '치유의 길' 일부 구간

두 번째 쉼터가 나오는데 여기서 왼쪽 내리막은 진등 방향 반변천 뿌리샘 가는 길이다. 칠(漆)밭목 삼거리 방향으로 향한다. 조금 걸어 올라가다 보면 왼쪽에 '영양 28km'라는 녹슬고 칠이 벗겨진 오래된 이정표를 보니 반가우면서 착잡한 마음이 든다. 조금 오래된 것이라면 무조건 없애거나 버리는 것이 예사인 요즘에 시사하는 바가 크다.

잘살아 보자는 새마을 운동으로 인해 소중한 물건들이 소리소문없이 우리 주변에서 사라졌고, 일제의 잔재를 없애야 한다는 목소리 때문에 살아남은 것들이 별로 없었다. 그래서 이 이정표가 남다르게 보이는지 모른다. 쓸모없고 보기 싫다고 뽑아다 고철로 녹여 버렸다면 슬픈 역사의 흔적 하나가 사라졌을 것이다. 사람들 발길과 관심이 없었던 오지에 있었기에 그

나마 살아남은 것은 아닌지.

다시 옛 국도를 따라 걷다 보면 외씨버선길 끝나는 곳에 칠(칡)밭목삼거리 갈림길이 나온다. 왼쪽으로 가면 대티골 아름다운 숲길로 이어지고 오른쪽은 봉화로 가는 외씨버선길이다. 칠밭목 또는 칡밭목으로 표기하고 있는데 칡이 산을 덮고 있어 칡을 일부러 심어 놓은 밭과 같다 하여 붙여진 이름이란다. 그 주변은 울창한 낙엽송과 소나무 숲으로 이루어져 있다. 작은 계곡 옆에는 봄부터 여름까지 피어나는 야생화가 볼만하다고 한다.

대티골에서 가장 윗 쪽에 자리 잡은 집을 보며 시멘트로 포장된 내리막을 가다 끝나는 곳에서 왼쪽 흙길로 접어든다. 조금 진행하면 반변천 발원지 뿌리샘을 알리는 이정표가 있다. 잠시 반변천 뿌리샘을 찾아 나선다. 거리가 그리 멀지 않아 다녀올 만하다. 내려가는 길 주변은 산림자원보호구역을 알리는 팻말이 줄에 매달려 있다. 반변천 발원지인 뿌리샘은 동굴처럼 둥근 암반에서 많은 물을 쏟아내고 있다. 물이 차갑고 시원하다. 반변천 발원지에서 큰골로 가는 옛 마을길로 내려가도 처음 출발지로 갈 수 있다.

반변천 발원지인 뿌리샘, 둥근 암반에서 많은 물을 쏟아내고 있다

일단 왔던 길을 다시 올라서서 왼쪽으로 가다 묘가 있는 곳으로 간다. 하늘을 볼 수 없을 정도로 울창한 숲길은 완만한 오르막과 내리막의 연속이다. 중간에 마을 주민이 설치한 그네와 긴 의자가 눈에 들어온다. 일월산 0.8km 이정표를 뒤로하고 계속 걷는다. 평탄한 길이 끝나고 계곡을 건너면 급한 내리막이다. 크고 작은 돌과 쌓인 낙엽이 있어 조심해야 한다. 계곡 물소리 들으며 내려가는 길이 심심하지 않다. 큰골 갈림길에 다다르면 거의 다 온 셈이다.

솟대 모양으로 만들어진 이정표가 눈길을 끈다

텃골, 왕바우골, 쿵쿵목 등 옛 이정표 정겨워

텃골, 깃대배기, 깨밭골, 칠(칡)밭목, 말머리등, 샘물내기, 왕바우골, 그

루목, 쿵쿵목, 진등 등 걸으며 만나는 옛 마을 이름을 딴 이정표가 얼마나 정겨운지 모른다. 일월산에는 환경부 지정 멸종위기 야생동물 1급인 수달과 2급인 담비, 삵을 비롯해 너구리, 족제비, 노루, 고라니, 멧토끼가 사는 것으로 알려져 있다. 옛 국도 주변은 온통 금강송으로 빼곡한 송이밭이기도 하다. 한동안 송이 때문에 일반인 출입이 통제되는 등 갈등을 빚었지만 지금은 사시사철 찾아갈 수 있다.

대티골 숲길이 다시 살아나기 시작한 것은 2006년이다. 대티골 사람들이 막히거나 무너진 숲길을 보수하고 정비해 생태 치유의 길로 가꾸어 옛 국도뿐만 아니라 댓골길, 옛마을길, 칠(취)밭길 등을 '아름다운 숲길'로 되살려냈다. 길 중간중간에 그네와 의자 등을 갖춘 쉼터를 만들고 이정표를 세웠다. 이 같은 노력으로 대티골 숲길은 2009년 '제10회 아름다운 숲 전국대회'에서 숲길 부문 '아름다운 어울림 상'을 받았다. 우리나라에 걷기 열풍을 일으켰던 제주 올레길보다 1년 먼저 열린 길이 바로 대티골 아름다운 숲길이다. 길에 의미를 부여하고 새로운 개념으로 받아들이면서 방치되었던 옛길이 그 어느 길보다 아름다운 숲길로 태어난 것이다.

위치 경북 영양군 일월면 용화2리 394-4번지
교통 자가운전, 대중교통 (택시)
코스 일원산자생화공원~대티골입구~칠밭목삼거리~반변천 발원지 입구~일월산자생화공원
(왕복 7.6km)
문의 영양군 문화관광과 054-680-6410

울진,
금강소나무 숲길(십이령길)

한 걸음 한 걸음 마음으로 걷는 옛길, 열두 고개 굽이굽이 사연도 한가득

울진에서 봉화와 안동, 영주 등 내륙지방으로 행상할 때 넘나들던 길에 있는 고개가 12개라 해서 붙여진 이름이 바로 십이령길 또는 울진 보부상 길이다. 울진 바닷가에서 해산물을 지고 출발해 내륙으로 넘어갈 때 바지게꾼들이 첫 밤을 보냈던 곳이 울진군 북면 두천1리다.

울진과 봉화 내륙지방을 연결했던 고갯길

일제강점기까지만 해도 주방과 마방이 있었던 탓으로 하룻밤 묵는 과객과 장사꾼들로 북적거렸다고 한다. 하지만 지금은 열댓 가구가 사는 한적하고 평범한 산골마을에 불과하다. 1980년대 초만 해도 불영계곡을 관통하는 36번 국도가 개통되기 전까지 십이령길은 울진과 봉화를 동서로 연결하는 유일한 길이었다. 울진에서 쇠치재~바릿재~샛재~너삼밭재~저진터재~작은넓재~큰넓재~고치비재~곧은재~막고개재~살피재~모래재 등 열두 고개를 넘어 봉화까지 150리 넘는 길을 오가며 장사를 했다.

바지게꾼은 보부상 조직이 약화된 일제강점기에 등장한 상인을 말한다. 무거운 해산물을 지고 좁은 산길에서도 날렵하게 다닐 수 있도록 다리를 잘라낸 바지게를 메고 다녔다고 해서 붙은 이름이다. 시간을 아끼기 위해 잠시 숨을 고를 때도 서서 쉬었다 해서 '선질꾼', '등금쟁이'로 부른다. 바지게꾼들의 고단한 삶과 거친 숨소리, 땀 냄새를 조금이나마 추억할 수 있

금강소나무길을 걷기 위해 징검다리를 건너는 탐방객들

금강소나무숲길 안내판이 곳곳에 세워져 있다

는 곳이 바로 금강소나무 숲길 1구간 십이령길이다. 사위를 아우르는 천혜의 자연풍광까지 더하면 이 시대에 이런 비경이 아직 남아있나 싶을 정도다. 사시사철 푸른 청정수를 받아내는 대광천, 차가움으로 유명한 찬물내기, 게다가 하늘을 찌르듯 보무도 당당한 우리나라 최대 금강소나무 군락지가 있는 곳이다. 이처럼 500년이 넘는 금강소나무 솔향을 온몸으로 느끼며 숲의 휴양과 치유기능이 알려지면서 전국적으로 많은 사람이 찾아오고 있다. 경북 울진군 북면 두천1리에서 소광2리까지 약 13.5km로, 걷고 쉬며 6시간 넘게 걸린다.

울진 바다에서 내륙 대처로 나가기 위해서는 십이령길, 고초령길(매화장), 구주령길(평해장)이 주 통로였지만 그 중에도 십이령길을 가장 선호했다. 바릿재, 샛재, 너삼밭재 등 정겨운 이름의 고개를 넘는데, 울진지역에 7곳, 봉화 지역에 5곳이 속해 있다. 공식 이름은 십이령길이나 보부상 옛길이 아닌 금강소나무 숲길이다. 현재 6개 구간으로 나누어 산림청에서 조성했으며, 총 거리는 74km 정도에 달한다.

　울진군 북면 두천1리 금강소나무 숲길 입구 주차장에서 숲 해설가 인솔 아래 십이령길로 들어선다.

　열두 고개 중 네 고개가 포함된 1구간은 보부상들의 애환이 담긴 '울진 내성행상불망비'와 '조령성황사'를 비롯한 옛 주막터와 화전민터 등이 남아있다. 또한, 울창한 숲과 계곡, 산양을 비롯한 멸종위기 동식물 서식지, 붉은색으로 곧게 쭉쭉 뻗은 금강소나무 군락을 자연스럽게 만나며 걷는 구간이다. 냇가 징검다리를 건너면 '울진내성행상불망비蔚珍乃城行商不忘碑' 비각 건물이 보인다. 이 비는 1890년 보부상들이 봉화 소천장을 관리하는 반수(우두머리) 권재만과 접장(장터 관리인) 정한조의 은공을 기리기 위해 쇠로 만든 철비鐵碑다.

울진내성행상불망비 비각이다

첫 고개인 바릿재 주변을 둘러싼 산세는 험준해 보였지만 길은 의외로 순탄하고 부드러웠다. 소나무 숲길을 따라 천천히 걷는 산길이지만 경사는 심하지 않다. 초록 물결이 걸음을 가볍게 해준다. 율동감 있게 굽이치며 조금씩 고도를 높이다가 슬그머니 고갯마루를 넘는다. 걷는 내내 바람에 흔들리는 나뭇잎 소리만이 정적을 깨운다. 바릿재란 소에다 물건을 바리바리 싣고 다녔다고 해서 붙여졌다. 완만한 내리막길은 곧장 평지로 이어진 옛 장평마을로 임도 구간과 연결된다. 임도 따라 걷다 왼쪽으로 내려오면 서들골, 시싯골, 창골 등에서 내려온 계곡물이 합류하는 곳에 쉼터가 있다.

'살아있는 화석' 천연기념물 제217호 산양 주 서식지

양옆 깎아지른 돌산은 '살아있는 화석'으로 불리는 천연기념물 제217호 산양의 주 서식지라고 한다. 겨울철 폭설로 아사餓死하거나 도로를 건너다 차에 치여 죽는 경우가 많아 개체 수가 점점 줄어들고 있다고 한다. 밥벌이에 지친 우리에게 숲속 나무들의 아름다움을 제대로 보여준다. 땀에 살짝 젖은 몸은 햇빛과 공기, 피톤치드를 받아들인다고 바쁘고, 눈은 아름다운 풍경을 감상한다고 틈이 없고, 머리는

황장봉산동계표석 탁본 모습이다

자신과 진솔한 대화를 나눈다고 정신이 없다. 구간 일부는 차가 다닐 만큼

점심은 두천1리 마을 주민들이 서로 돌아가면서 준비한다고 한다

넓은 길이지만 그늘은 거의 없다. 그 대신 맑은 물이 흐르는 계곡을 따라
가는 덕택에 발걸음은 가볍다. 임도와 나란히 이어진 숲길을 걷다 보면 산
양 보호와 황장봉산동계표석을 만나기도 한다.

두천1리에서 약 6.5km 걸어오면 십이령길 중간지점 쉼터인 찬물내기
로 삼복염천에도 얼음처럼 차가운 물이 흐른다는 곳이다. 직접 도시락을
준비하거나 예약할 때 점심 예약을 하면 시간에 맞추어 배달해준다.

식사는 두천1리 마을에서 서로 돌아가면서 준비한다고 한다. 찬물내기
에서 오르막을 오르다 보면 남매처럼 다정하게 선 금강송 두 그루를 지난
다. 제법 가파르고 비좁은 산길이 한동안 이어진다. 금강소나무 숲길을 오
르고 내리는 길의 조화 속에 누가 뒤에서 밀어주는 듯 자연스럽게 발걸음
이 앞으로 나아간다. 십이령길 두 번째 고개인 새재鳥嶺(595m)다. 경북 문

경의 '새재'와 같은 이름이다. 울진 바닷가 사람들은 한양을 가기 위해 '새재'를 두 개나 넘어야 했다.

바람이 시원하다. '조령성황사鳥嶺城隍祠'당집이 눈에 들어온다. 1819년 지역주민과 보부상이 만들어 휴식처로 이용하기도 하고 제를 올렸다. 처음엔 부상負商들이, 일제강점기 이후에는 선질꾼들이 십이령을 오가며 제를 지냈고, 선질꾼이 사라진 이후에는 마을에서 관리하고 있다고 한다. 정면 입구에 '조령성황사'편액이 걸려 있다.

바지게꾼들 애환이 서린 흔적이 고개 이름에 남아

내부 제단 정면에 '조령성황신위'라 쓴 위패를 모셔두었다. 성황사 아래에는 한때 봉놋방을 가진 큰 주막이 있었으나 1968년 울진·삼척 무장공비 사건 이후 화전민 마을과 함께 철거됐다고 한다. 바위에 구멍을 뚫고 세워놓은 비석과 마귀할멈의 전설이 전해오는 말무덤도 눈길을 끈다. 주변에 색이 표시된 소나무(4137그루)는 문화재 중수 시 베어내기 위한 표식이란다. 주변에는 속성수로 알려진 낙엽송이 많이 심겨 있다.

성황사에서 대광천 초소 물길을 만날 때까지는 완만한 내리막에 그늘진 숲길로 십이령길에서 가장 마음 편한 구간이 아닌가 싶다. 삼거리 이정표에서 곧바로 내려오면 대광천 초소 쉼터다. 맑은 물이 흐르는 물길을 두어 번 건너면 불영계곡과 소광리 금강소나무숲을 잇는 너삼밭 공터에서 도로 따라 걷다 오른쪽 어두운 숲으로 들어선다. 소광2리까지 고개를 두 개 더 넘어야 한다. 한동안 인적이 끊어졌던 숲에 야생화가 피었다. 너삼밭재 오르기 전 화전민 터와 보부상들이 밥을 지어 먹거나 방아를 찧던 흔적이 남아있다. 마지막 고개인 저진터재에서 울진 흥부(지금의 부구) 지방에 전해오

선질꾼들이 십이령을 오가며 제를 올린 조령성황사 당집이 아름답다

는 구전 민요 십이령가十二嶺歌 일부분인 바지게꾼 노래를 숲 해설사가 들려주었다.

"미역, 소금, 어물지고 춘양장 언제 가노/대마, 담배, 콩을 지고 울진장을 언제 가노/반평생을 넘던 고 이 고개를 넘는구나/서울 가는 선비들도 이 고개를 쉬어 넘고/오고 가는 원님들도 이 고개를 자고 넘네/꼬불꼬불 열두 고개 조물주도 야속하다/가노가노 언제 가노 열두 고개 가노/시그라기 우는 고개 내 고개를 언제 가노"

최소 3일 전 예약 필수, 구간별 탐방 인원은 하루에 80명만

다시 내리막을 30분 정도 더 걸어가면 십이령길 종점인 소광2리 옛 소

광초등학교 운동장에 들어선다. 거의 한나절 넘게 걸린 여정이 끝난 것이다. 어깨를 짓누르는 해산물을 지고 내륙을 향해 걸어야 했던 고달픈 바지게꾼의 애환을 느끼기 위해 가벼운 배낭을 메고 이 길을 찾아오고 있다. 이처럼 과거와 현재를 이어 주는 옛길은 원형을 잃어 자연으로 돌아가기 어려워졌지만, 의젓하게 오래된 시간의 크기만큼 넉넉함을 우리에게 그 공간을 내어 주고 있다. 길은 변하지만, 여전히 살아 숨 쉬고 있었다.

☞ 금강소나무 숲길은 예약제로 운영되며 탐방 인원은 구간별 80명이다. 최소 3일 전 인터넷(www.uljintrail.or.kr)이나 산림청 울진국유림관리소(054-780-3940~3)로 하면 된다. 모든 구간 오전 9시에 출발하며 숲 해설가가 동행한다. 참가비는 없다. 십이령길 출발지는 울진군 북면 두천1리 237(십이령로 2273)이다.

위치   경북 울진군 북면 십이령로 2273
교통   자가운전, 대중교통
코스   두천1리 주차장~임도~찬물내기~조령성황사~대광천~소광2리 (편도 13.5km)
문의   울진군 문화관광과 054-789-6900

봉화,
승부역 가는 길

산과 낙동강 그리고 철길따라 12km, 굽이굽이 발길 잡는 오지여행 성지

승부역 앞에 세워진 '하늘도 세평 꽃밭도 세평' 표지석

철길과 물길 그리고 찻길이 나란히 공존하는 길

오래전부터 벼르던 길이었다. 많은 사람이 가고 싶어 했고 예쁜 길이라고 했다. 석포역에서 승부역까지 이어지는 길은 한 편의 서정시다. 하나같이 칭찬해 마지않는 길의 풍경보다 더 마음에 와닿았던 건, 사람이 길에게 부여한 이름이었다. 승부역 가는 길. 경북 봉화에 가면 석포역에서 승부역까지 철길 옆에 사람이 다니는 길이 나 있는데, 이 길의 이름이 '승부역 가

는 길'이라는 것이었다. 그러니까 이 길을 끝까지 다 걸으면 외로운 기차역 하나 서 있는 승부역이 나온다는 것이다. 미리 밝혀두지만, 길이라고 해서 꼭 숲이나 흙길을 걸어야 한다는 편견을 버려야 한다. 승부역 가는 길은 인간이 만든 문명의 길이기에 더욱 그렇다. 철길과 물길 그리고 찻길이 나란히 공존하는 길이기 때문이다.

승부역은 경상북도 봉화군과 강원도 태백시가 경계를 이루는 내륙 깊숙한 지역, 해발 1000m가 넘는 산이 에워싸인 가파른 골짜기 안에 꼭꼭 숨어 있어 오지여행의 성지와 같은 곳이다. 예전엔 주변 산세가 하도 험해 자동차로는 갈 수가 없고 기차로만 갈 수 있었다. 지금은 자동차로 갈 수 있다. 석포역에서 승부역까지 12km 길은 자갈길에서 시멘트로 최근에 아스팔트로 포장됐다. 행정구역상 승부역 가는 길의 시작점인 석포역과 끝나는 곳에 있는 승부역은 경북 봉화군에 있다. 하지만 석포역과 승부역 주변 마을의 생활권은 강원도 태백시다. 주민들은 강원도 강릉행 기차를 '들어온다'고 하고, 경북 영주행 기차를 '나간다'고 한다. 행정구역은 경상북도이지만, 생활구역은 강원도에 맞춰져 있기 때문이다.

철길, 물길, 찻길이 함께 하는 풍경을 보여준다

승부마을이 경북도의 외딴곳이 된 이유는 승부역 바로 뒤에 우람한 산줄기가 버티고 서 있기 때문이다. 주민들은 이 산을 넘지 못하고 낙동강을 거슬러 올라 다른 지역으로 장을 보러 다니고 학교에 갔다. 승부역 다음 역이 양원역인데, 철길로 3.7km이고 걸어서 가면 5.6km 거리다. 자동차로 두 기차역을 오가려면 바로 잇는 도로가 없어 석포역까지 나온 다음에도 한참을 에둘러 가야 한다는 것은 무엇을 의미할까.

"천천히 걸으라" 일러주는 물길 소리

석포역은 1946년에 만들어졌다. 작은 역을 빠져나오면 승부역과 낙동정맥트레일을 알리는 이정표가 보인다. 승부역 가는 방법은 두 가지다. 낙동정맥트레일을 따라가는 길은 험하고 힘들다. 그래서 많은 사람이 포장도로를 걸어야 한다. 승부역 가는 방향 표지판을 따라가다 보면 익숙하지 않은 풍경에 살짝 당황한다. ㈜영풍이 운영하는 석포제련소 때문이다. 1970년에 준공됐다. 하얀 수증기를 뿜어내는 제련소에서는 고순도 아연을 이용해 황산카드뮴, 황산동, 황산망간 등을 생산하고 있다. 낙동강 상류에 있어 종종 환경오염을 일으키는 곳이기도 하다. 석포제련소 공장 지역이 끝나는 굴티 지점까지는 트럭이나 차들을 자주 만난다. 그 이후는 차량 통행이 뜸한 편이다.

승부역 가는 길은 포장도로라 걷기가 편할 수도 불편할 수도 있다. 대체로 평탄했고, 자동차 두 대가 통과할 수 있을 만큼 넉넉했다. 십몇 년쯤 이 길을 걸었을 때 먼지 폴폴 날리는 자갈길이었다는 걸 발이 기억해냈다. 제련소를 벗어나면 숨겨진 또 다른 세상이 나타난다. 나무들이 바람에 흔들리고 초록은 햇살에 반짝이며 반겨준다. 승부역까지 동행해 줄 낙동강 상류 물길이 흐르고 건너편에는 철길이 나 있다. 가끔 지나가는 기차는 수면에 멋진 모습을 비추며 나타났다 사라진다. 기차가 지나갈 때 걷던 걸음을 멈추고 기차를 바라본다. 이렇게 한 걸음씩 걸으며 강과 이야기도 하고 나무들과 눈 한 번 더 마주치며 걷는다. 갑자기 빠르게 지나가는 모든 것들이 안타깝다는 생각이 밀려든다.

산은 깊고 물은 맑다. 걸으며 만나는 강과 산의 모습은 한 폭의 풍경화다. 푸르고 푸른 산과 맑디맑은 물, 그곳에 터전을 잡고 생명을 뿜어내는 자연과 사람들. 아무도 만나지 못해도 외롭지 않은 이유이기도 하다. 길은 우리네 인생처럼 가끔 오르막 내리막이 교차한다. 승부역 가는 길에는 몇개의 마을이 드문드문 들어앉아 있다. 결둔·서낭골·마무이·본마을 등을 모두 합쳐 승부마을이라고 부른다. 세 시간 남짓 걷는 길이 내내 한적할 수밖에 없던 이유는 드문드문 있는 민가와 주민이 많지 않기 때문이다. 한적하다는 표현보다 적요하다는 표현이 맞을 것 같다.

낙동강 발원지인 태백 황지연못에서 구문소를 지나 석포리에서 석포천을 받아들인 낙동강은 더욱 강폭을 넓히며 흐른다. 이제야 강이 강 같고 걷는 나도 나 같다고 느낀다. 산과 기차와 사람이 강물을 따라 승부마을로 간다. 문헌에 따르면 승부마을은 옛날 전쟁이 났을 때 이 마을에서 승부勝負가 났다고 해서 붙여진 이름이다. 결둔마을도 군이 주둔한 마을에서 비롯됐다니, 삼국시대 군사 요충지였던 것만은 분명해 보인다. 그러나 지금 승부마을은 '부富를 잇는다承'는 뜻의 '승부承富'를 쓴다. 승부리承富里는 본래 안동군 소천면에 속했다가 고종 광무 10년(1906)에 봉화군에 편입됐고, 1914년 행정구역 폐합에 따라 승부리가 됐다.

결둔과 마무이 마을 지나 하승부라 불리는 본마을에 들어왔다. 넓은 구릉을 따라 10여 가구가 띄엄띄엄 흩어져 있다. 한갓진 두메산골의 주 수익원은 감자, 양배추, 당귀, 옥수수다. 최근 사과농사를 짓기 시작했는지

승부역에 가려면 낙동강을 가로지르는 70m 길이 현수교를 건너야 한다

과수원도 보였다. 예까지 걸어오면서 논을 본 기억이 없다. 낙동강만 부지런히 길을 좇아왔다. 본마을에서 1.4km 정도 더 들어가야 승부역이 나온다는 이정표가 보인다. 내리막을 따라 걷다 눈에 들어온 건 70m 길이의 주황색 현수교였다. 승부역에 가려면 낙동강을 가로지르는 이 다리를 건너야 한다. 승부역은 정말로 길이 끝나는 지점에 있었다. 까마득한 봉우리들이 좌우로 역사驛舍를 둘러싼 모습이 영락없는 천혜의 요새였다. 병풍처럼 에워싼 산 아래로 터널이 뚫려 있었다. 이 터널만이 산 너머 세상과 소통하는 창구였다.

봉화군 석포면 승부리에 있는 승부역. 국내에서 가장 외딴곳에 자리 잡은 기차역으로 꼽히는데 1956년 처음 문을 열었다. 대한민국 정부가 들어서고 처음 개통한 철도 노선이 강원도 태백 철암역과 경북 영주역을 잇는 영암선인데, 그 영암선을 내면서 승부역도 들어섰다. 1970년대까지만 해도 화물차가 하루에 60번 이상 오갔을 정도로 활기찬 역이었지만, 인근 지역 태백의 석탄산업이 사양길로 접어들자 광부들이 떠나면서 지금은 하루에 열차가 몇 번 서지 않는 역으로 바뀌었다.

눈꽃, 단풍열차 등 특별열차로 추억 가득한 간이역 변신

열차가 자주 서지 않지만 계절에 따라 눈꽃열차, 단풍열차, 백두대간 협곡열차 브이트레인(V-Train) 같은 특별열차들이 오가며 수많은 사람에게 추억을 안겨주는 간이역으로 새롭게 태어났다.

백두대간 협곡열차 브이트레인(V-Train)이 봉화 분천역에서 태백 철암역까지 다닌다

십 년쯤 전만 해도 찾는 이가 없어 기차역으로 수명을 다할 뻔했다가 최근 들어 오지여행 성지로 떠오르면서 활력을 되찾았다. 사람들이 자주 드나드는 역은 아니었지만, 곳곳에 아름다운 손길이 묻어있다. 산타 상징물과 흔들 그네 등 소박하지만 정감이 넘치도록 꾸며 놓았다. 사람이 많이 찾다 보니 승부마을 주민이 운영하는 간이매점도 생겼다. 기막힌 풍경과 넉넉한 인심이 묻어나는 맛에 사람들이 승부역을 찾는구나 싶었다.

'하늘도 세평이요 꽃밭도 세평이나 영동의 심장이요 수송의 동맥이다.'라는 문구가 새겨진 돌이 눈을 사로잡는다. 60년대 중반 승부역에서 오래 근무했던 김찬빈 씨가 철길 옆 바위에 페인트로 썼다는 글귀는 외딴 승부

승부역의 위치와 특징을 한마디로 나타내는 상징물로 자리 잡았다

역의 위치와 특징을 한마디로 드러내는 상징물로 자리 잡았다. 이 글귀에서 '승부역 하늘은 세평'이라는 소문이 발원했는지 모른다. 1955년 영암선(영주~철암 87km)이 이어지며 개통된 영동선의 마지막 난공사 구간이었다. 험준한 바위산을 뚫는 터널 공사와 계곡의 철교 공사 과정에 수많은 일꾼이 목숨을 잃었다고 한다. 이를 기리는 '영암선 개통 기념비'(이승만 글씨)가 철교와 터널이 내려다보이는 언덕에 세워져 있다.

이처럼 그저 걷는 것만으로도 말없이 흐르는 강물이 가슴을 촉촉이 적셔주듯이 시끄럽게 달리는 차도, 지나가는 사람도 없다. 산과 낙동강 그리고 철길 따라 12km에 이르는 길을 굽이굽이 걷다 보면 마음이 절로 고요해진다. 혼자만의 생각에 잠겨 묵묵히 걷고 싶을 때, 쉼표가 필요할 때 잘 어울리는 길이 바로 이 길이 아닌가 싶다. 외롭게 승부역을 지키는 역무원, 낭만을 안고 승부역으로 오는 여행자들, 그들의 숨결과 손길로 승부역 가는 길은 다시 태어나고 있었다.

백두대간 협곡열차 브이트레인(V-Train)이 승부역에 들어오고 있다

    그 모든 것들을 품고 석포역에서 석포제련소~굴현교~결둔마을~서낭
골~마무이~구두들~본마을~승부교~승부역으로 이어지는, 문명의 손길
이 가득하지만 색다른 걷기를 경험할 수 있는 길이다.

위치   경북 봉화군 석포면 석포로 134
교통   자가운전, 기차
코스   석포역~굴현교~승부교~승부역 (편도 12.5km)
문의   봉화군 문화관광체육과 054-679-6342

경주,
동남산 가는 길
불국토 향한 신라인의 염원 고스란히 녹아있는 '노천박물관'

경주 남산은 남북(약 10km)으로 길게 누워 있고, 동서(약 4km)로 봉곳 솟아있는 산이다. 남산이란 이름의 산이 여럿 있지만, 경주 남산은 숨 막힐 정도로 많은 유적이 곳곳에 살아 숨 쉬고 있는 산이다. 산의 규모나 크기로 보면 평범한 산 같지만 속으로 들어가 보면 실로 깊고도 오묘하다. 골짜기마다 물이 흐르고 바위마다 부처가 새겨져 있고 탑이 세워져 있다. 이처럼 신라인들에게 마음의 안식처였고 의지처였다. 그래서 신라의 숨결이 고스란히 묻어있는 신성한 산이다.

최근 복원된 월정교 모습으로 야경이 아름다운 다리이기도 하다

발길 닿는 곳마다 국보, 보물급 유물이 가득

  선사시대 사람이 살았던 삶의 흔적인 선사시대 유적과 150여 곳의 절터, 130개의 불상, 99개의 탑, 13개의 왕릉 등 수많은 유물과 유적이 서로 어울리고 미소 지으며 살아가고 있는 곳이다. 오랜 시간에 걸쳐 이뤄진 하나의 거대한 야외 종합박물관이다. 남산을 가장 쉽게 한눈에 파악할 방법은 아무래도 능선 아래를 따라 걷는 것이다. '동'남산 코스와 '서'남산 코스다. 모두 월정교 앞에서 출발한다. 동남산 가는 길은 월정교에서 염불사지까지, '삼릉 가는 길'로 불리는 서남산 가는 길은 월정교에서 용장골로 이어진다. 남산의 낮은 곳을 연결해 걸으면서 구석구석 마을과 들판에 자리 잡고 있는 문화재를 만나볼 수 있다. 동남산 가는 길을 먼저 소개한다.

  남산 동쪽 문화유적을 잇는 둘레길이라는 의미로 '동남산 가는 길'이라는 이름이 붙어 있다. 월정교에서 시작하는 이 길은 짧은 오르막이 두 군데 있을 뿐 대부분 남산 자락을 에둘러 가는 평지다. 도로와 연결되는 길을 나무 데크나 황톳길로 조성해 마음 놓고 주변 풍광을 구경하며 걸을 수 있다. 이정표가 잘 돼 있어서 길을 이어가는 데 어려움이 없다.

  월정교 남단에서 출발해 인왕동 사지(인용사지)~춘양교지~상서장~불곡 마애여래좌상~남산탑곡마애불상군~보리사 미륵곡 석조여래좌상~경북산림환경연구원~화랑교육원~헌강왕릉~정강왕릉~통일전~서출지~남산동 동·서 삼층석탑을 거쳐 염불사지에서 마무리한다. 총 걷는 거리는 약 10km가 넘으며 4시간 안팎 걸리지만, 문화재를 천천히 둘러 보려면 이보다 넉넉하게 시간을 잡아야 한다.

  경주시 교동 월정교 남단에서 출발한다. 원효가 요석공주와 세기의 사랑을 나눴던 월정교 다리와 건물은 복원됐고 건널 수 있다. 월정교 남단 도로 건너 검은 돌에 새겨놓은 이정표가 있다. 오른쪽(서쪽)은 삼릉을 거쳐 용장골로 이어지는 '삼릉 가는 길'이고 정면은 상서장을 거쳐 남산을 오르는 '남산 가는 길' 표시가 돼 있다. 동남산 가는 길은 왼쪽 인용사지 방향으로 간다. 반월성을 끼고 도는 남천은 옛 모습을 잃었지만 문천도사蚊川倒沙라 해서 남천 8경에 넣었다. 길옆에 오랫동안 발굴했던 인용사지가 나오고 발굴 중인 반월성을 바라보며 잠시 걷는다. 월정교 건너기 전 오른쪽에 동남산 가는 길 안내도를 살펴본 뒤 남천 따라 가다 보면 월정교와 짝을 이뤘던 다리인 춘양교지를 잠깐 보고 돌아 나오다 건너편에 경주박물관 영남권 수장고가 눈에 들어온다.

서라벌대로 고운교 아래를 지나 오른쪽으로 돌아 올라서면 상서장이다. 신라 말 대학자 최치원이 난국의 신라를 살려보려고 진성여왕에게 시무時務 10조를 올렸던 곳이다. 문이 잠겨 있다면 오른쪽으로 돌아가 최치원 선생 전시관을 거쳐 들어가면 된다. 경주에 있는 최치원 유적지인 낭산 독서당, 황룡사지 남쪽 미탄사지 근처 생가 등은 전부 산업도로 옆이라 차량

감실 할매부처로 널리 알려진 불곡마애여래좌상은 오전에 가야 제대로 볼 수 있다

소음에 시달린다. 그래서 이 같은 것을 예견하고 말년에 해인사로 들어가 버렸는지 모른다. 아래로 내려와 남천 따라 음지와 양지마을 걷다 보면 신라 문화연구에 헌신한 고청 윤경렬 선생 기념관이 있는 양지마을에 잠시 들렀다 간다.

다리 건너 곧바로 시멘트 농로 따라 남산 자락에 들어선다. 짧은 오르막 끝에 '금오봉·불곡석불좌상' 이정표가 서 있는 갈림길에 닿는다. 왼쪽으로 가면 신라 초기에 만들어진 불곡마애여래좌상을 만난다. 감실에 들어앉은 부처를 찬찬히 살펴본다. 수더분한 모습이 마음씨 좋은 이웃 할머니 같아 할매부처, 감실부처로 불렀던 것 같다. 배리삼존불, 경주국립박물관에 있는 삼화령 애기부처들이 비슷한 시기에 만들어진 불상들이다.

대학자 최치원, 저항시인 이육사 흔적 고스란히

천천히 내려와 탑곡 마애불을 향해 걷는다. 나지막하게 경사진 오솔길 끝 계곡에 자리한 옥룡암이 옥룡사로 바뀌는 등 많이 변했다. 요사채인 삼소헌 건물과 추사가 쓴 일로향각一露香閣 현판은 그대로 있다. 옥룡사는 근래 이름이고 신라 때는 신인사神印寺였다. 저항시인으로 잘 알려진 이육사는 투옥의 시달림에 요양 차 두 번이나 왔던 절이다. 대웅전 뒤로 올라가면 큰 바위에 다양한 불상 조각들이 새겨진 환상적인 분위기를 지닌 탑곡 마애불이 보인다. 탑과 불상, 스님상, 비천상, 사자상 등 온갖 자신의 존재를 드러내며 절묘한 광경을 보여준다. 예전에 있던 소나무, 대나무, 벚나무를 모조리 베어 버려 무릉도원 같은 분위기를 망쳐 놓았다. 속세의 느낌이 물씬 들어 이제는 찾아오기가 꺼려질 정도다. 북면은 좌우에 거대한 7층, 9층 탑을 세우고 중앙에 천개天蓋를 쓴 부처님이 앉아 계신다. 이 9층 탑을 사라진 황룡사 9층 목탑의 형태로 추정한다. 위로 올라 남면과 서면, 동면에 새겨진 각기 다른 불상들을 살펴본 뒤 탑을 등지고 아래를 바라보면 자신이 지나온 여정이 한눈에 보인다.

탑곡 마애불은 다양한 불상 조각들이 새겨진 환상적인 분위기를 자아낸다

　탑곡에서 내려와 보리사를 가기 위해 오른쪽으로 방향을 잡았다. 마을 가운데 있는 주차장에서 가파른 길을 오른다. 그 아름답던 소나무, 벚나무를 다 잘라버리고 대나무 숲 쪽으로 철망을 쳐 놓은 무지함이 아쉬웠다. 보리사는 아담하고 정갈한 절이다. 보리사 석불좌상은 남산에서 가장 온전하게 남아있는 불상이다. 불상에서 바라보는 전망도 기가 막힌다. 천천히 돌면서 자세히 보면 삼성각 앞 두 그루 소나무 기상이 대단하고 멋지다. 내려오다 잠시 보리사 마애불에 올랐다. 이 마애불은 작지만 앙증스럽다. 이 조그만 바위에 신라인들은 어떤 심정으로 이런 불상을 새겼을까. 연초록으로 가득한 배반들녘이 장관이다.
　다시 갈림길로 돌아와 갯마을을 벗어나면 오른쪽에 경북산림환경연구원이다. 좌우로 다양한 수종을 심어 봄부터 가을까지 꽃이 피어 아름답고, 겨울엔 비움의 여백이 있어 좋다. 화랑교육원을 지나 헌강왕릉 입구 솔숲으로 들어선다.

보리사 마애석불좌상은 남산에서 가장 온전하게 남아있는 불상이다

보리사 마애석불좌상이 배반들녘을 바라보고 있다

삼국유사에 나오는 처용무와 사금갑 설화 가득

'삼국사기'에 보면 헌강왕은 '총명하고 민첩하며 글 읽기를 좋아했다. 민가는 이어져 있고 노래와 피리 소리가 끊이지 않았다'고 나온다. 처용설화와 처용무로 널리 알려진 탓인지 보름날 무용하는 사람들이 와서 춤을 추곤 한다. 곧바로 정강왕릉으로 가는 오솔길로 들어선다. 헌강왕과 정강왕은 형과 동생 사이로 886년 26세에 형이 먼저 죽고, 다음 해 동생이 죽었는데 세상 뜬 날이 7월 5일로 같다. 보름달이 뜬 날 여기오면 이리저리 휘어진 소나무 사이로 쏟아지는 달빛이 너무 아름답다.

솔숲을 따라 내려와 통일전 지나면 이내 서출지가 나온다. '삼국유사'에 나온 사금갑射琴匣 이야기로 인해 서출지로 부르고 있다. 원래는 '안못'이 었다. 여름이면 백일홍과 연꽃, 이요당이 한 폭의 그림처럼 볼만하다.

새로 만든 길 따라가면 전탑 형식이 남아있는 남산리 3층 쌍탑이 나온다. 남산마을 사이를 지나간다. 8, 90년대 초까지 옹기종기 정겨운 마을이 었으나 지금은 국적 불명의 이상한 큰집들이 지어져 고졸한 맛이 없다. 근래 새롭게 단장한 염불사지가 반겨준다.

'삼국유사'에 사금갑 이야기로 알려진 서출지 건너편에 이요당 건물이 있다

원래 마을이 피리마을이었고 절 이름도 피리사避里寺였다. 이 절에 염불을 아주 잘하는 스님이 있어 그를 염불사念佛師로 불렀는데, 염불 소리가 얼마나 깊숙하게 울려 퍼졌는지 서라벌 시내까지 들렸다고 한다. 2009년 탑을 복원한 뒤 염불 스님 별명을 따 피리사를 염불사로 고쳐 부르고 있다. 지금은 어느 절이나 직접 외는 염불 소리는 끊어진 지 오래다. 조그마한 절에서 나는 저녁연기와 허공에 울려 퍼지는 스님의 청아한 염불소리는 그 자체가 극락인데 어디서 들을 수 있을까. 중간중간 남산 언저리에 의지한 채 소박하게 살아가는 정겨운 마을과 번잡하지 않고 각각의 개성

있는 주인공들이 기다리고 있는 남산 동쪽을 향해 걷는 아름답고 의미 있는 길이다.

전탑 형식이 남아있는 남산리 3층 쌍탑이다

2009년 탑을 복원한 뒤 염불 스님 별명 따라 피리사를 염불사로 부르고 있다

위치 경북 경주시 교동 153-5

교통 자가운전, 시내버스

코스 월정교 남단~상서장~불곡마애여래좌상~남산탑곡마애불상군~보리사 미륵곡 석조여래좌상~경북산림환경연구원~화랑교육원~헌강왕릉~정강왕릉~통일전~서출지~남산동 동·서 삼층석탑~염불사지 (편도 10km)

문의 경주시 관광컨벤션과 054-779-6077

경주,
서남산 삼릉가는 길

푸른 숲길 따라 남아있는 신라의 '흥망성쇠' 역사 속으로

1991년 태풍 글래디스와 폭설로 피해를 입은 삼릉 솔숲은 여전히 아름답다

신라 건국 설화부터 멸망 흔적 남아 있어

서남산 삼릉가는 길을 걷기 위해 월정교에 왔다. 이정표나 안내도에는 '삼릉 가는 길'로 표기돼 있다. 어느 나라든 건국이 있으면 패망이 있다. 신라도 기원전 57년에 건국해 기원후 935년 고려에게 나라를 넘겨주고

사라졌다. 신라 왕의 탄생과 건국은 물론 패망의 흔적이 애잔하게 남아있는 길이기도 하다. 월정교~천관사지~오릉~김호장군고택~남간사지 석정~일성왕릉~양산재~나정~남간사지 당간지주~창림사지~포석정~지마왕릉~배리삼존불~망월사~삼릉~경애왕릉까지 약 8km 거리다.

돌에 새겨진 개성 있는 안내도가 눈에 들어온다

삼릉 가는 길은 대체로 마을과 마을을 잇고 있어 햇볕을 피하기 어렵지만, 막바지에 지마왕릉과 태진지를 지나 숲길로 들어서면 인상적인 경주 남산 소나무 숲의 경관을 즐길 수 있다. '삼릉 가는 길' 방향으로 100m 정도 가면 갈림길이다. 모퉁이 돌에 새긴 '삼릉 가는 길' 안내도를 살펴본 뒤 한옥스테이 월정루 지나 왼쪽 수로를 따라가면 오른쪽 들녘 한가운데 발굴을 마쳤지만 어수선한 모습의 천관사지가 보인다.

신라 명장 김유신이 옛 연인 천관녀의 혼을 위로하기 위해 그녀가 살았던 집에 세운 절이다. 자신의 집으로 인도해왔던 애마를 단칼에 베어버리며 이별을 선언했던 결기는 비수가 돼 한 여자의 명줄을 끊게 한다. 가슴 시리고 애잔한 사랑의 향기가 피어났던 현장이다. 이처럼 사랑의 사연이 남아있는 천관사지 발굴을 마친 후 흩어진 잔재들을 모아 절과 탑도 세웠으면 한다. 안내문에 그려진 그림은 유치하기 그지없다. 천관사지에서 왔던 길을 되돌아보면 남천과 반월성, 월정교가 눈에 들어오고 교촌마을 옆 김유신의 집 우물터인 재매정이 보인다. 부들과 억새가 가득한 좁은 길을 따라가다 이정표가 있는 갈림길에서 오른쪽 오릉 방향으로 간다. 좁은 골목을 지나오면 탑리마을 이정표와 오릉 후문이 나온다.

봉곳하게 솟은 능선이 아름다운 오릉은 사릉으로 부르기도 한다

덕스럽고 아름다운 왕릉인 오릉

잠시 오릉에 들렀다 간다. 경주에 있는 왕릉은 연초록 생기로 가득한 5월부터 9월 말까지가 제격이다. 왕릉에 오면 죽은 자의 생을 통해 산 자인 나를 되돌아보게 된다. 왕릉은 아주 완만하고 부드럽다. 수줍은 미소를 머금은 채 다소곳이 앉아있는 여인 같다. 봉곳하게 솟은 능선이 아름답다.

'삼국유사'에는 "박혁거세와 왕후를 한곳에 장사 지내려 하자 큰 뱀이

쫓아다니며 방해했다. 그래서 머리와 사지를 각기 장사 지내 오릉五陵으로 만들었다. 이것을 사릉蛇陵이라고 한다"했고, '삼국사기'에는 "박혁거세가 재위 61년 봄 3월에 세상을 떠나니 사릉에 장사 지냈다. 그리고 2대 남해왕, 3대 유리왕, 5대 파사왕 모두 사릉원 안에 장사 지냈다"라고 했다.

서로 다르게 기술되어 있지만, 소나무 숲으로 둘러싸인 오릉은 어느 방향에서 보아도 아름답고 시각적인 절제미가 돋보인다. 천천히 한 바퀴 돌아본다. 신라 초기를 단단하게 자리 잡게 했던 왕들을 뒤로하고 대숲 가득한 길을 돌아가면 신라 시조 왕비 탄강지와 알영정이 나온다. 조그만 정각 맞은편에 알영정이 아담하게 자리 잡고 있다. 인적 없는 숭모전은 삼국의 시조를 기리는 사당을 세우라는 세종(1397~1450)의 명으로 세워졌는데 처음에는 나라에서 주관하다 조선 후기부터 박씨 문중에서 관리해오고 있다.

오릉을 나와 조금 전 왔던 방향으로 가다 도로 건너편에 김씨 문중 삼형제가 3년 시묘살이를 하며 효로써 일생을 마쳤다는 삼효각이 보이고 멀리 남산이 시야에 들어온다. 오릉 네거리에서 교차로 건너자마자 왼쪽으로 방향을 잡는다. 경주인성교육체험장을 지나면 식혜골 마을이다. 한여름에 마시고 싶은 시원한 전통음료인 식혜가 생각나지만, 절이 많았던 이곳에 식혜識慧라는 도승의 법명을 따라 지었다는 다소 싱거운 경로당 설명문을 읽는다.

돌담길이 예쁜 모퉁이 돌아 보이는 조그만 집은 무형문화재 107호 김혜자 누비장의 창작공간이고, 조금 더 가면 김호 장군 고택인 월암종택이 있다. 삼릉 방향 이정표 따라 논길 사이로 걸어가면 남간마을이 나온다. 예전에는 제법 오래된 집들이 많이 있어 남산 언저리에서 가장 운치 있는 마을이었지만 지금은 마구잡이 지은 집들로 인해 예전의 고즈넉한 모습을 잃은 이상한 마을이 됐다.

마을 교회 아래 신라 삼대 우물(분황사 석정, 재매정) 중 하나인 남간사지

석정石井을 본 뒤 일성왕릉으로 향한다. 마을 골목을 빠져나와 갈림길에서 왼쪽으로 계속 올라간다. 보광사 지나 길 좌우로 쭉쭉 뻗은 소나무들이 혼자 외롭게 자리한 일성왕릉을 호위해주고 있다. 문무와 지혜를 겸비했고 농사는 천하의 근본이라며 경제를 살찌웠던 왕이다.

쭉쭉 뻗은 소나무들이 혼자 외롭게 자리한 일성왕릉을 호위해주고 있다

잠시 생각에 잠기다 내려와 남간사지 당간지주로 가지 말고 신라 최초 왕인 박혁거세 탄생 설화지인 나정蘿井으로 내려간다. 발굴 정리가 끝났지만, 소나무 몇 그루 위로 하늘은 푸르게 펼쳐지고 구름은 표현하기 힘든 색깔로 물들어 천 년 전처럼 알을 깨고 나올 것 같은 신령스러운 분위기다. 6부 촌장의 위패를 모시고 제사 지내는 양산재는 굳게 닫혀 있었다.

개망초꽃 만발한 길옆 남간사지 당간지주가 외롭게 남산을 향해 서 있다

신라 최초 왕궁터인 창림사지와 비극의 장소 포석정엔
적막감이 감돌고

왔던 길을 다시 올라와 보물로 지정된 남간사지 당간지주로 간다. 남간사지가 언제 만들어지고 사라졌는지 알 수 없지만 9세기 초까지 절이 존

재했다고 문헌에 전해진다. 개망초꽃이 만발한 길옆에 당간지주만이 외롭게 남산을 향해 서 있다. 시멘트 농로 따라 걷다가 왼쪽으로 창림사지 가는 길이 보인다. 발굴작업 때문인지 새로 길이 나 있다. 푸른 나무 사이로 창림사지 삼층석탑이 수줍게 고개를 내밀고 있다. 창림사지 일대가 신라 최초 왕궁터라고 '삼국사기'에 기록되어 있다.

멀리서 본 창림사지 3층 석탑 모습

최근 복원된 창림사지 삼층석탑이 위용을 드러낸 채 서 있다. 탑 아래는 발굴작업으로 주변이 어수선하다. 창림사지에서 내려오다 삼릉 가는 옛길 이정표 따라 내려오면 멀리 낮은 담장 너머로 포석정이 보인다. 숭례문이 우리나라 국보 1호이고, 포석정은 사적 1호다. 평일 포석정은 언제나 그랬듯이 적막하다. 전복을 엎어놓은 모양 같다고 해서 포석정鮑石亭이라 했다. 유상곡수에 술잔을 띄우고 유흥을 즐겼겠지만, 남산의 신에게 제사 지냈던 신라의 별궁이라는 의미로 포석사鮑石祠였다고 한다.

927년 포석정에서 경애왕을 끝으로 신라 왕조가 끝나게 되는 비극적인 장소이기도 하다. 포석정 주차장 중간에 있는 길을 따라 걸어 들어가면 솔

포석정은 신라 왕조가 끝나게 되는 비극적인 장소이기도 하다

숲에 둘러싸인 지마왕릉이 나온다. 역시 왕릉은 솔숲 사이에 놓고 봐야 그
아름다움을 느낄 수 있다. 왕릉 주변을 한 바퀴 돌아본다. 예전 길옆에 있
던 탱자나무는 베어냈는지 보이지 않는다.

　작은 연못인 태진지를 지나 짙은 그늘로 가득한 숲길을 더 걸어가면 삼
불사 주차장과 배리삼존불 오르는 길이 나온다. 삼불사 입구에 세워진 세
심단속문洗心斷俗門이 눈에 들어온다. 마음을 씻으라는 말이 귓가에 맴돈
다. 배리삼존불 세 부처는 얼마나 복스럽게 생겼는지 보는 사람들을 웃음
짓게 한다. 보호각이 없을 때의 모습을 떠올리며 보호각에 갇혀 햇빛을 보
지 못해 웃음을 잃지는 않을까 쓸데없는 걱정을 해본다.

　가까이에 망월사望月寺가 있다. 달을 바라보는 절, 참 좋은 이름이다. 절
안에 세워진 작은 육각형 대명전 건물 안에 선덕여왕 위패를 모셔 놓은 것
이 특이하다. 여기서 왼쪽으로 300m 정도 가면 삼릉三陵이다. 가는 길 중
간에 있는 공동묘지가 발길을 우울하게 한다.

소나무 숲으로 전국적인 명성을 얻은 삼릉

삼릉 솔숲은 장관이다. 1991년 태풍 글래디스와 크고 작은 폭설로 소나무들이 큰 피해를 보았지만, 여전히 아름다운 자태를 뽐내고 있다. 직사각형의 삼릉을 둘러본다. 북쪽에서 보면 탄력 잃은 중년 여인의 젖가슴 마냥 힘이 없어 안쓰럽게 보이지만 반대인 남쪽에서 보면 탄력 넘치는 팽팽함이 느껴진다. 여기서 사실상 '삼릉 가는 길'은 끝나지만 가까이 있는 경애왕릉까지 간다.

경애왕릉은 비참한 치욕의 죽음만큼 초라했지만, 솔숲에 자신의 존재마저 숨기고 말없이 근신하듯 자리한 왕릉의 아련한 분위기가 적막감마저 들게 한다. 살아서 신라 천 년을 욕되게 했지만, 덕분에 천 년 넘게 사람의 침범을 막아 숲을 이뤘으니 역사는 참으로 아이러니하다. 그것은 삼릉과 경애왕릉 주변이 사적지로 지정돼 보호받을 수 있었기 때문일 것이다. 찬란한 문화의 꽃을 피우며 삼국을 통일한 신라의 탄생과 패망의 흔적을 더듬으며 신라인의 위대한 정신과 숨결을 혼자 사유하며 걸어볼 만한 길이다.

위치　경북 경주시 교동 153-5

교통　자가운전, 시내버스

코스　월정교~천관사지~오릉~김호장군고택~일성왕릉~양산재~나정~남간사지 당간 지주~창림사지~포석정~지마왕릉~배리삼존불~망월사~삼릉~경애왕릉 (편도 8km)

문의　경주시 관광컨벤션과 054-779-6077

봉화,
석천계곡서 닭실마을 가는 길

도깨비 놀러 오고 신선이 살던 곳, 석천계곡 둘러보면 감탄이 절로

석천정사는 울창한 소나무 숲과 계곡에 싸여 있다

한국의 3대 오지를 BYC로 표현한다. B는 봉화, Y는 영양, C는 청송이다. 지금은 교통이 많이 좋아졌지만, 옛날에 BYC를 가려면 정말 산 넘고 물 건너가야 했다. 날씨가 더운 요즘, BYC에는 아직 시원한 계곡과 산 등 갈만하고 볼만한 곳이 많다.

택리지서 손꼽은 길지 '닭실마을'

내성천이 흐르는 봉화는 어느 지역보다 고택과 정자들이 많이 남아있다. 시원한 계곡과 고택을 볼 수 있는 길이 '봉화 솔숲갈래길'이다. 총 4개 구간 126km에 이른다. 일종의 봉화 둘레길인 셈이다. 전체 코스 중 제1 구간 내성천에서 석천정사를 거쳐 닭실마을과 추원재까지 3.8km를 걷는 길이 절경이다. 마을과 계곡, 들길을 걸으며 봉화 역사의 단면을 볼 수 있기 때문이다.

충재박물관 앞에서 바라본 청암정 모습

일반 방문객들은 닭실마을에 오면 충재고택과 청암정만 보고 석천정사는 지나치기가 쉽다. 그만큼 석천정사는 마을과는 떨어진 외딴곳에 있다.
봉화 닭실마을酉谷은 우리나라에서 손꼽히는 전통 마을 가운데 하나이다. 마을 이름은 지형이 '금계포란金鷄抱卵(닭이 알을 품고 있는 형세)'의 천하 명당이라는 데서 유래했다. 이중환의 '택리지'에서 경주 양동마을, 안동 내앞마을, 풍산 하회마을과 더불어 삼남의 4대 길지吉地로 꼽았던 곳이 바로 봉화 닭실마을이다. 마을을 감싼 부드러운 산세와 기와를 쓴 집들, 그리고 너른 들판이 어우러진 모습이 감동적이다. 과연 천하명당이란 말을 허투루 쓴 것이 아님을 알 수 있다. 특히 석천계곡은 닭실마을 가는 옛길로 정자와 계곡, 솔숲이 어우러진 멋진 풍경을 자랑한다.

봉화 솔숲갈래길은 닭실마을을 만날 수 있는 가장 느린 길이다. 시간은 걸리지만 차분하게 마을의 다양한 면모를 감상할 수 있다. 닭실마을은 충재 권벌(1478~1548)을 중심으로 한 일족의 집성촌이다. 충재 선생의 본관은 안동으로 1507년 문과에 급제하여 사관, 삼사, 승정원 등의 요직을 두루 거친 인물이다.

닭실마을을 알리는 표지석이 도로 옆에 세워져 있다   초서체로 쓴 청하동천 글씨가 독특하다

봉화 솔숲갈래길 출발점은 봉화읍 내성천 앞에 위치한 내성천생활체육공원이다. 내성천은 낙동강 지류 중 하나로 봉화 오전리 선달산(1236m)에서 발원해 봉화, 영주, 예천 등을 적시며 낙동강으로 흘러 들어간다. 봉화 체육공원 앞 징검다리를 건너면서 걷기가 시작된다. 솔숲갈래길을 알리는 커다란 안내판에는 총 4개 구간이 있지만, 외부에 잘 알려진 곳은 1구간이다. 징검다리 건너 천변을 따라 내려간다. 계속해 내성천 봉화교 아래를

지나고, 철길 만나는 지점에서 강을 건넌다. 다리를 건너면 삼계교차로 앞이다. 여기서 도로 따라 조금만 가면 만나는 삼계교에서 석천계곡이 내성천에 몸을 맡긴다.

다리 건너 오른쪽으로 돌아 큰길을 따라간다. 이 길이 원래 닭실마을 가는 길이었다. 마을로 진입하는 길이 이렇게 운치 있는 경우는 그리 흔치 않을 것이다. 석천계곡과 닭실마을 일대를 사적 및 명승 제3호로 지정했다가 2010년 10월에 석천계곡과 청암정 일대를 새로 명승 제60호로 지정했다.

길은 오솔길로 바뀌고, 길옆 암반에 초서체로 '청하동천靑霞洞天' 글씨가 새겨져 있는 것을 볼 수 있다. 충재 권벌의 5대손 권두응이 쓴 글씨로 '신선이 사는 마을'이라는 뜻이다. 옛날 석천계곡에는 도깨비들이 찾아와 놀았다고 전해진다. 이 때문에 석천정사에서 공부하던 유생들이 많은 고통과 어려움을 호소하자 이에 권두응이 바위에 청하동천이란 글자를 새기고 주서朱書칠을 해 필력으로 내쫓았다는 일화가 전해지고 있다. 아직 주서칠 흔적이 남아있다. 아름답긴 아름다운 계곡이었던 모양이다. 신선이 노닐던 계곡을 도깨비들이 탐내서 놀이터로 알고 설쳤을 정도이니 말이다. 초서로 쓴 글씨도 도깨비같이 생겼다.

명승 60호로 지정된 석천계곡과 청암정

솔숲 사이를 천천히 걷노라면 계곡 건너편으로 그림 같은 건축물이 눈에 들어온다. 충재 권벌의 큰아들 청암淸巖 권동보權東輔(1517-1591)가 1535년에 세운 석천정사石泉精舍다. 소나무, 물길, 정자, 나무 징검다리가 어우러진 모습이 일품이다.

권동보는 중종 37년인 1542년에 사마시에 합격해 벼슬길에 올랐다. 명종 2년인 1547년에 '양재역벽서사건'에 관련된 혐의로 아버지가 평안북도 삭주로 유배돼 1년 만에 죽자, 관직을 버리고 20년 동안 두문불출했다. 선조 때 아버지의 무죄가 밝혀져 복관됐지만 벼슬을 사양하고 향리鄕里에 돌아와 전원의 계곡 위에 석천정사를 짓고 산수를 즐기면서 여생을 보냈다.

석천정사는 울창한 소나무 숲에 싸여 있다. 정자는 계곡에 면한 원래 지형을 최대로 살려 자연과 조화를 이루도록 지어졌다. 계곡 옆에 축대를 쌓고 그 위에 정자를 지었다. 마루는 완전히 개방된 형태가 아니라 판장문板牆門을 두어 필요에 따라 문을 여닫아 공간을 폐쇄하기도 해 자연과 소통할 수 있게 했다.

석천정사 건물에 걸린 다양한 현판 글씨가 예사롭지 않다

문을 열면 계곡 풍경이 그대로 들어온다고 한다. 선경이 따로 없다. 석천정사石泉精舍 현판은 조선중기 문신이자 서예가인 송재 송일중松齋 宋一中(1632-1717)의 글씨다. 추녀 끝에 있는 수명루水明樓(물 맑은 행실과 덕행을 후대에 퍼트림)와 계산함휘溪山含輝(시내와 산이 빛을 머금음)는 철종 때 경상도 관

찰사와 공조판서를 지낸 송벽 이정신李正臣(1792-1858)의 글씨이다. 석천정사 안 자연석 벽면에 석천정石泉亭이란 글자를 새겨놓았다는데 아쉽게도 문이 잠겨 있어 볼 수 없었다.

다리는 모가 나지 않고 투박하기 이를 데 없는 나무다리다. 그것도 암반을 기반으로 두 개를 자연스럽게 연결해 놓은 것이 정겹다. 세상에 이렇게 아름다운 길이 있을까? 신선이 된 듯하고, 선녀가 금방이라도 나타날 것 같다. 경치도 경치지만 입에서 단내가 날 정도로 공기가 청아하다. 시원한 한 줄기 바람이 옷깃을 스치며 지나가는 것이 선경에 들어온 느낌이다. 커다란 너럭바위, 깨끗한 자갈과 모래, 그리고 수정같이 맑은 계류는 정사에서 살았던 동보東輔의 선비정신이 투영되면서 역사의 향기가 잔잔하게 전해진다.

암반을 기반으로 자연스럽게 연결해 놓은 나무다리가 정겹다

노송 사이로 펼쳐진 석천정사 본제本第(살림집)인 고택으로 길을 잡는다. 석천정사와 석천계곡은 금닭이 알을 품고 있는 천하의 명당자리로 되돌아가는 대문 역할을 하는 곳이다. 현재의 닭실마을은 봉화읍에서 울진 방향으로 가는 국도에서 진입하게 돼 있지만, 예전에는 충재의 위패를 모신 삼

계서원三溪書院이 있는 삼계리에서 올라오는 길이 주 진입로였다고 한다.

석천정사를 시제로 지은 시구詩句가 새겨진 시비詩碑를 지나 큰길을 마다하고, 왼쪽 징검다리를 건너 올라서면 너른 들판이 나오고 마을 전체가 한눈에 들어온다. 한 폭의 동양화다.

역사 담은 충재박물관도 볼거리

들판을 에둘러 가도록 만든 도로를 걸어 도착한 곳이 마을의 역사와 문화를 살펴볼 수 있는 충재박물관이다. 박물관은 안동 권씨 충정공파 집안의 유물들을 전시한 곳이다. '충재일기'와 '근사록'을 비롯해 보물로 지정된 집안의 고서적, 고문서들이 가득하다. 청암정青巖亭 안에 걸려 있던 퇴계 이황이 지은 '청암정제영시'와 석천정사에 있던 권동보가 지은 '제석천정사' 편액과 현판을 이곳에 옮겨 보관하고 있다.

청암정은 크고 넓적한 거북 모양의 자연석 위에 올려 지은 정자다

박물관을 나오면 마을을 구경할 차례다. 마을에는 35가구 70여 명이 살고 있다. 마을 이름은 '닭실'이지만, 이곳 사람들은 경상도 사투리인 '달실'로 부른다. 그래서 본래 이름은 달실마을이다. 종택 옆에 유명한 청암정이 자리한다.

청암정은 크고 넓적한 거북 모양의 자연석 위에 올려 지은 정자다. 거북바위 주변으로는 연못이 조성돼 있고, 주변에는 향나무, 왕버들나무, 소나무가 우거져 정자의 운치를 한껏 살리고 있다. 정자를 올려다보거나, 정자마루에서 아래쪽 충재를 둘러보면 옛사람들의 빼어난 미적 감각을 느낄 수 있다. 충재 권벌이 독서했던 건물이다.

닭실마을은 한과로도 유명하다. 마을 아낙들은 집집이 4대까지 제사를 모시다 보니 하루가 멀다고 모여서 한과 등 제사 음식을 준비했다. 500년을 이어 온 아낙들의 한과 솜씨를 알고 있던 봉화군청의 권유로 약 20년 전부터 한과를 생산하기 시작했다. 닭실마을을 구석구석 둘러봤으면 걷기가 마무리된 것이나 마찬가지다. 닭실마을을 벗어나 신작로를 한동안 따르면 유곡2리인 탑평마을 입구에서 걷기가 마무리된다. 4km가 채 안 되는 짧은 길이지만 봉화 역사의 한 단면과 충재 선생을 비롯한 안동 권씨 종택을 둘러볼 수 있는 아늑한 솔숲길이다.

위치 경북 봉화군 봉화읍 내성리 506번지
교통 자가운전, 대중교통
코스 내성천생활체육공원~석천정사~닭실마을~추원재 (편도 3.8km)
문의 봉화군 문화관광체육과 054-679-6351

영천,
별을 따러 하늘 향해 걷는 천수누림길

푸른 숲길 따라 별빛 찾아 떠나는 여행

별모양 전망대에서 만난 가족 탐방객이 정각리 별빛마을을 보고 있다

영천은 별의 고장이다. 별빛과 햇빛이 가장 많이 드는 산으로 알려진 보현산普賢山(1126m)에 자리 잡은 보현산천문대 때문이다. 영천은 일찍이 '이수삼산二水三山의 고장'이라 불렸다. 이수는 보현산에서 발원한 남천과 북천, 삼산은 보현산과 팔공산, 운주산이다.

별이 가장 잘 보이는 보현산천문대

보현산 위에 걸린 하늘을 본다. 호수보다 더 푸르다. 하늘이 저토록 푸를 수가 있을까. 아니 파랄 수가 있을까. '파랗다'와 '푸르다'는 어떻게 다른 것인가. '파란 하늘, 푸른 산, 푸른 들'을 떠올려 보면 '파랗다'와 '푸르다'가 구별될 것 같기도 하다. 하늘을 보고 다시 산을 보면 파란 색깔과 푸른 색깔이 다름을 이해할 것도 같다. '파랗다'는 하늘에서 나온 말이고 '푸르다'는 풀색에서 나왔다고 했던가. 보현산천문대 앞에는 숨겨놓은 천수누림길이 있다. 봄가을에는 활짝 핀 야생화를 볼 수 있고, 겨울에는 눈꽃, 여름에는 시원한 한 줄기 바람과 함께 별을 만날 수 있는 길이다.

천수누림길 안내 표지석이 조각품처럼 만들어져 있다

보현산천문대와 한 쌍을 이루고 있는 천수누림길은 짧은 시간에 걷기의 즐거움을 느끼고 맛볼 수 있는 아름다운 길이다. 높은 곳에 있어 마치 구름 위를 걷는 듯한 기분이 들고 금방이라도 하늘을 날 수 있을 것 같은 착각에 빠진다. 천수누림길을 걷기 위해서는 정각마을에서 걸어서 가는 것과 차로 가는 두 가지 방법이 있다. 차로 간다면 보현산천문대 주차장까지 잘 닦여있는 꼬불꼬불한 도로를 따라 올라가면 된다. 해발 1000m까지 차가 올라가기 때문에 힘겹게 등산하지 않아도 된다. 보다 많은 사람이 천수누림길을 걸어 볼 수 있도록 영천 시내에서 천문대 주차장까지 유료 셔틀버스를 운행하면 좋을 것 같다.

천수누림길 걷기의 시작과 끝은 보현산천문대 주차장이다. 차에서 내리면 건너편 면봉산 정상에 세워진 천문관측 장비가 눈에 들어온다. 천문대 올라가는 도로 진입로는 일반인 출입을 막기 위해 굳게 닫혀 있다. 돌로 세운 천수누림길 안내 표지판 왼쪽이 천수누림길 가는 길이다.

짧지만 색다른 느낌의 주차장에서 시루봉 테크길 1km

해발 1000m가 넘는 데크길을 따라 천문대 주차장에서 시루봉까지 1km 정도 밖에 안 되는 짧은 거리라고 생각할지 모르지만, 그 길이 주는 아우라와 디톡스 효과는 그 어떤 길과도 비교할 수 없을 정도로 느낌이 다르다.

갑자기 음악이 흘러나온다. 음악이 계속해서 나오는 것이 아니라 사람이 지나가면 자동으로 감지해 음악이 나오도록 했다. 덕분에 마음이 한결 상쾌해지고 발걸음도 가볍다. 깔끔한 데크길이 계속해서 이어진다.

오른쪽은 여름 야생화가 피어 있고, 왼쪽으로 시원하게 펼쳐진 풍광은 더 없는 청량감을 선사한다. 흙길을 걷는 느낌도 좋지만 이처럼 높은 곳에 잘 만들어진 데크길을 걷는 것 또한 색다른 경험이다.

걷는 길 중간중간에 오각형 별 모양 전망대를 만들어 놓았다. 별을 관측하는 천문대가 있어서인지 나름 신경을 쓴 흔적이 곳곳에서 보였다. 별 모양 전망대에서 도시락으로 밥상을 차린 손씨 가족은 하늘 속 별나라에 온 기분이 든다고 말했다. 별 모양 전망대 쉼터에서 아래를 내려다보면 정각리 별빛마을이 손에 잡힐 듯 보이고, 건너편 기룡산도 눈에 들어온다. 피톤치드 가득한 길을 걷다 보면 웰빙숲 관찰로 안내판을 볼 수 있고, 계속해서 몇 걸음 더 오르면 시루봉(1124m) 정상을 알리는 이정표가 나온다. 바로 옆 2층 팔각정 전망대에 올라 주위를 둘러보니 동네가 한 폭의 그림처럼 다가온다.

산철쭉 꽃으로 뒤덮이는 봄날의 보현산은 장관이라고 한다. '천수누림

나무로 만든 테크길은 완만하게 만들어 걷기 좋다

길'은 참 아름답고 이름도 멋있다. 천수가 뭘까. 천 년을 산다는, 아니면
하늘이 점지해준 목숨대로 다 누린다는 말일까. 속리산 말티고개 같은 구
불구불한 산길에 전봇대가 놓여진 저 길을 따라서 승용차로 보현산천문대
주차장까지 올라온 것이다. 사방은 막힘이 없고 세상은 발아래 펼쳐져 있
다. 몸 안에 쌓인 피로와 스트레스가 시원하게 불어주는 바람과 함께 빠져
나갈 것 같다.

탐방객 가족이 편하게 걸어가는 모습

팔각정 전망대에서 짧게 오르막을 오르니 시루봉이다. 멋진 활공장을 만들어 놓아 패러글라이딩을 즐기는 사람들이 많이 찾는다고 한다. 일행 몇 명이 장비를 점검하며 이륙을 준비하고 있다. 시루봉을 뒤로하고 보현 산천문대로 향한다. 한국천문연구원이 전국 주요지점의 맑은 날 일수 등 다양한 조사를 통해 우리나라에서 별이 가장 잘 보이는 곳으로 선정한 곳 이 바로 보현산이다.

1996년 4월에 완공된 보현산천문대는 국내 최대의 지름 1.8m급 소형 망원경이 있는 곳으로 별을 사랑하는 이들이라면 꼭 가봐야 할 명소다. 이 망원경은 1만 원권 지폐에도 나온다. 보현산천문대에서 지금껏 발견한 소 행성만 120개로 알려져 있다. 우리나라에서 최초로 관측된 밤하늘 별자 리 가운데 지명이나 사람 이름이 붙은 것은 20개인데 그중 12개를 이곳 보현산에서 발견했다고 한다. 최무선, 장영실, 허준, 홍대용, 김정희 등 밤 하늘의 별이 되어 언제까지나 밝게 빛나고 싶은 사람이라면 이들처럼 후 세에 길이 남을 훌륭한 업적을 쌓은 위인이 되고 볼 일이다.

별이 가장 잘 보인다는 보현산천문대 모습이다

웰빙숲, 관찰길, 전망대 또 다른 즐거움

　시루봉에서 천문대로 내려오다 보면 방문객센터가 발길을 사로잡는다. 이곳은 쉽게 볼 수 있는 전체 사진부터 2020년 칠레에 건설될 거대 마젤란 망원경Giant Magellan Telescope은 지름 25.4m의 최첨단 천문관측망원경으로 미국, 호주, 대한민국의 한국천문연구원이 공동으로 개발하고 있는 설명과 태양과 달, 목성에서 몸무게를 알 수 있는 저울이 방문객을 기다리고 있다.

　이곳에서 별에 대한 여러 가지 상식을 알아본 후 1.8m 망원경 돔이 있는 길로 올라가면 보현산 표지석이 보인다. 1.8m의 반사 망원경과 태양 플레어 망원경이 유명하다는데 일반인은 들어갈 수 없고 특별한 날에만 공개한다고 한다. 이런 아쉬움에 보현산을 다시 찾아와 밤하늘을 보아야 푸른 하늘에 걸린 별을 딸 수 있지 않을까. 크고 뚜렷한 별이 쏟아질 것 같은 보현산 밤하늘을 상상하는 것만으로도 즐겁다.

다시 방문객센터로 내려오면, 마을을 더 가깝게 볼 수 있는 망원경이 있는 전망대를 만날 수 있다. 그 길을 따라 내려오다가 만나는 데크길을 따라 천문대 주차장으로 돌아오면 천수누림길 걷기가 마무리 된다.

길에서 만나는 야생화꽃과 벌

왕복 2km가 조금 넘는 이 길로 만족이 안 된다면 데크 사이로 난 웰빙 숲 관찰길을 걸어보는 것도 좋다. 웰빙숲 관찰길은 영천시가 여러 종류의 테마 숲길을 공들여 만든 길이다. 앞에서 설명했듯이 천수누림길을 걷다 보면 왼쪽에 웰빙숲 관찰로 표지판이 나오는데 숲길과 데크길 두 갈래 길이 나오지만 어느 길로 가도 상관없다. 양쪽 모두 500m쯤 더 걸으면 2층 팔각정 전망대에서 만나게 돼 있다. 팔각정 전망대에서 임도를 따라 내려가는 길은 지루할 수도 있지만 걷는 즐거움을 느낄 수 있게 해주는 길이다.

길은 뱀처럼 구불구불 이어져 있어 또 다른 즐거움을 안겨준다. 오른쪽 보현산천문대를 두고 천천히 걷다 보면 숲 치료길, 산악자전거 라이더를 위한 길, 꽃 색깔 구분 숲길, 자작나무 숲길 등 여러 종류의 길을 만나게 되는데 임도에서 살짝 다른 길을 선택해 들어가 보는 것도 나쁘지 않다.

어느 길을 걷든 표지판이 잘 돼 있어 길 잃을 염려는 없다. 이렇게 임도를 따라 내려오다 보면 차가 다니는 길을 만나게 되는데 이곳까지의 거리가 약 4km 정도다. 푸르름 가득한 길을 바람과 함께 내려오다 보면 어느새 웰빙 숲길 예찬론자가 될 것이다.

별빛마을서 낭만적 밤하늘 구경하는 것 추천

사실 천문대에 가면 별을 볼 수 있다고 생각했기에 안타까운 마음은 이만저만이 아니었다. 비록 별이 뜨는 시간도 아니었고 이곳에서 직접 별을 볼 수 없었지만, 천문대에 오르니 경관이 그만이다. 발밑의 보현산 자락 정각리 별빛마을에서는 별이 하나둘 반짝이고 머리 위로는 구름이 닿을 듯 스쳐 지나가는 상상을 해본다. 공기 좋고 날씨 맑은 날 이곳 별빛마을에서 하룻밤 묵는다면 수억 원을 호가하는 망원경이 없어도 알퐁스 도데의 '별'에 나오는 스테파네트 아가씨와 양치기 소년처럼 낭만적인 밤하늘을 바라볼 수 있을 것이다. 한여름 밤 밝게 빛나는 별, 그 안에 사람들이 새겨놓은 흥미진진한 이야기들을 떠올리면 어느 해보다 뜨거웠던 올여름 밤하늘에 당신의 이야기가 별처럼 새롭게 빛날 것이다.

위치　경북 영천시 화북면 정각길 475

교통　자가운전, 대중교통 (택시)

코스　보현산천문대 주차장~시루봉~천문대 방문센터~주차장 (왕복 2.2km)

문의　영천시 관광진흥과 054-330-6700

영덕,
블루로드 A 코스 빛과 바람의 길

푸른 하늘로 이어진 동해 바닷길 눈 앞에 펼쳐진 장관에 감탄 가득

고불봉에서 바라본 영덕읍내 전경과 멀리 낙동정맥 산군이 보인다

  영덕의 블루로드는 명실공히 우리나라를 대표하는 '아름다운 바닷길'이자 해파랑길에서 가장 널리 알려진 길이다.

  블루로드는 해안을 따라 A 코스(빛과 바람의 길·17.5km), B 코스(푸른 대게의 길·15.5km), C 코스(목은 사색의 길·17.5km), D 코스(쪽빛 파도의 길·14.1km) 등 4개 코스로 나뉜다. 대부분의 해파랑길 탐방로가 산림으로만 형성돼 있지만 영덕 블루로드는 청정자연환경을 자랑하는 영덕의 시리도록 아름다운 쪽빛 바다를 끼고 걷는 길이다. 그 가운데 많은 사람이 찾아오고 있는 길은 '푸른 대게의 길'로 불리는 B 코스다. 바다가 시야를 벗어나는 일이 거의 없기 때문에 매스컴에서 앞다투어 소개하고 있다. 그래서 호젓하

게 걷고 싶다면 A 코스 '빛과 바람의 길'을 걸어보기를 권한다.

아름다운 길로 알려진 블루로드 '빛과 바람의 길'

A 코스는 '블루로드Blue Road'란 이름을 처음 낳게 한 길이다. 보통 강구항을 출발해 풍력발전단지까지 걷지만, 그 반대로 영덕역에서 출발해 고불봉~풍력발전단지 갈림길~바다가 잘 보이는 봉우리~금진구름다리~강구항~강구터미널까지 약 9km로 걷는 내내 쪽빛 바다를 보일 듯 말듯 숨겨 놓아 더 매력을 지닌 길이다.

지난해 개통한 포항역에서 영덕역까지 가는 동해선 무궁화호 기차를 탔다. 걷기 시작은 새로 신축된 영덕역을 빠져나와 오른쪽 고불봉으로 가는 길과 블루로드 안내판이 보이는 지하도를 따라간다.

지하도를 빠져나오면 '고불봉(해맞이) 등산로'라는 안내판이 반긴다. 최근에 낸 산길은 살짝 오르막이다.

영덕역에서 나오면 바로 보이는 지하도로 연결된다

20여 분쯤 오르자 3 코스 하산길 안내판이 눈에 들어온다. 잠시 숨을 고른 뒤 오른쪽으로 보이는 봉우리 즉 고불봉으로 향한다. 짧은 거리지만 금세 땀이 날 정도로 급경사다. 어김없이 통나무로 계단을 만들어놨다. 고불봉 정상에는 정자와 탁자 운동기구 등 편의시설이 갖춰져 있다. 고개를 오른쪽으로 돌리니 영덕 읍내와 영덕읍을 가로지르는 오십천이 한눈에 들어온다. 반대로 동해 쪽은 일망무제 푸른 바다다.

고불봉高不峰은 경북 영덕군 영덕읍 내에 있는 자그마한 '뒷산'으로 해발 235m에 불과하다. 문헌에는 영덕 화림산 일맥이 천천히 달려 내려와 무둔산 자락에서 숨을 고르며 영덕의 정기를 받아 동으로 다시 달려 봉우리를 만드니 이것이 곧 고불봉이라고 설명하고 있다. 동해에서 떠오른 보름달이 두둥실 봉우리에 걸치면 봉우리도 둥글고, 달도 둥글다 하여 망월봉望月峰으로 불린다.

고불봉에서 바라본 풍력발전단지 전경이 이국적이다

옛날 동해의 붉은 해가 심해 깊숙이 잠겨 있고 그 붉은 기운만이 적막강산을 휘감을 때 붉은색 비단이 덮이듯 새벽 구름에 싸여 있는 고불봉의 모습을 불봉조운佛峰朝雲이라 했단다. 불봉조운은 영덕팔경 중 하나일 정도로 경치가 아름다워 영덕에 유배 온 고산 윤선도는 고불봉 밑에 유배소를 정하고 '고불봉'이란 시를 남기기도 했다.

고불봉에서 바라보는 풍력단지 이색적 풍경 연출

고불봉 정자 바로 아래 있는 이정표를 보니 강구항 8.4km, 오른쪽으로 바로 내려가는 숭덕사까지 1.7km라고 쓰여 있다. 저 멀리 해맞이 공원에 들어선 풍력발전단지가 어렴풋이 눈에 들어온다. 풍력발전기는 유럽과 미국 등에 주로 많이 보급되어 있지만, 우리나라에서는 아직 걸음마 단계다. 발전기의 거대한 날개가 돌아가는 모습이 이국적이다. 24기의 거대한 피조물이 쉬익쉬익 바람을 가르며 쉼 없이 돌아가는 풍력발전단지를 바라보면 한 편의 공상과학영화 속에 빠져드는 느낌이다. 바람을 이용한 국내 최대 상업용 발전단지로 연간 9만6천680㎿의 전력을 생산하며, 인구 2만 가구가 조금 넘는 영덕군민 전체가 1년간 사용할 수 있는 전력량이라고 한다.
고불봉에서 강구항 쪽으로 조금 내려가면 풍력발전단지로 연결된 갈림길이 나온다. 풍력발전단지 7.4km, 강구항 8km 이정표를 보며 강구항을 향해 곧바로 능선 따라 걷는다. 능선을 요리조리 걷다 철조망으로 둘러쳐진 산림녹화탑을 에둘러 돌아가다 보면 숭덕사 갈림길이 나오고 강구항까지 7km가 남았다는 이정표가 보인다. 한동안 짧은 오르막과 내리막이 반복되지만 땀이 살짝 날 정도지만 걷기에는 부담이 없다. 여전히 바다는 숲에 가려 보이지 않는다. 계속 걷다 '바다가 잘 보이는 봉우리' 표지판에서 잠시 쉰다. 그동안 나무가 자라고 숲이 우거져 바다는 보이지 않기에 '바다가 잘 안 보이는 봉우리'로 수정해야 할 것 같다.

여기서부터 비교적 평탄한 흙길에 아름드리 해송이 빽빽한 숲길이 한참 동안 이어지기도 하고, 굴참나무 등 잘생긴 나무들이 길옆에서 반갑게 맞아준다. 콧노래가 절로 나온다. 길은 널찍해 여럿이 함께하거나 연인과 손잡고 걸어도 넉넉할 만큼 좋다. 세상사 시름을 잠시 잊고 걷다 보니 해맞이가 좋은 봉우리로 가는 이정표가 보인다. 이번 걷기는 능선 어디서든 자리만 잡으면 동해와 일출을 볼 수 있지만, 숲에 가려 걷는 내내 보여주지 않고 길과 바다와 숲이 보이지 않게 '밀당'하는 느낌이다.

소나무와 참나무가 한 몸이 된 연리지 나무를 볼 수 있다

금진다리를 알리는 이정표 따라 내려오다 오른쪽을 자세히 보면 소나무와 참나무가 한 몸이 된 연리지 나무를 볼 수 있다. 걷기에 바쁜 사람들 눈에 잘 띄지 않는 허리춤 낮은 곳에 있어 그냥 지나치기 쉽다. 이름표라도 달아주면 좋겠다는 생각이 든다.

해파랑길을 알리는 리본과 안내문이 곳곳에 달려있다

　천천히 걸어 하금호 갈림길 이정표를 지나 강구항으로 간다. 얼마를 걸었을까 울창하게 잘 자란 곰솔나무 숲이 반긴다. 정자와 쉼터가 마련돼 있다. 해파랑길 표시도 보인다. 솔숲은 평안함과 달리 한국전쟁의 상처를 보듬고 있는 곳이기도 하다. 전사자의 유해가 있는 것으로 추정되는 장소이니 훼손하지 말라는 안내문이 붙어 있었는데 지금은 안 보인다. 소나무는 잘 자라 큰 키를 자랑하고 있어 한여름엔 그늘을 만들어 준다.

　기분 좋게 솔 내음을 맡으며 계속 걷자 예쁘고 튼튼하게 생긴 금진구름다리가 보인다. 금진도로는 영덕읍에서 바닷가 해안을 이어 주는 지방도다. 보통 여기까지 걷고 만족하는 사람들이 금진도로로 내려가 강구항으로 가는 사람들도 있고, 강구항에서 금진구름다리까지 산책 삼아 많이 걷는다는데 이정표가 잘 되어 있어 가족들과 함께 와도 아무 문제 없이 걸을 수 있다.

도로 위로 만들어진 아치형 금진다리가 반갑다

금진구름다리를 건너면 조금씩 내리막길로 접어든다는 느낌이 들고 평탄한 길이 쭉 이어진다. 편안한 자세로 걷는데 고래머리 형상 바위와 봉화산을 지나 널찍한 쉼터에서 블루로드 안내지도를 펴놓고 지나온 길을 되새겨 본다. 가벼운 내리막길로 접어들면 그동안 숨겨놓았던 바다를 보여주기 시작한다. 멀리 삼사해상공원이 시야에 들어온다.

강구항 지나 옛 강구다리를 건너와 걷기 마무리

어느새 목적지인 강구항이 내려다보이는 언덕까지 왔다. 새로 만든 길을 내려와 만나는 도로를 건너서 왼쪽 강구항 방향으로 걷다가 정자가 보이는 곳에서 오른쪽으로 내려선다.

오십천이 동해와 합류하는 모습이 선명하게 보인다. 강구江口라는 지명을 얻게 된 이유이기도 하다. 가파른 경사지에 드문드문 있는 집과 골목길을 빠져나오면 강구항 대게 거리다. 강구항은 이 지역의 대표 수산물이자 명물로 통하는 영덕대게 집산지로 전국적으로 알려진 곳. 강구항 지나 옛 강구다리를 건너와서 걷기를 마무리한다. 대게 조형물을 보니 사람들은 꽃게장은 6월에 잡은 암게로 담근 것이 맛있고, 털 많은 참게장은 가을에 담근 것이 맛있고, 대게는 겨울을 넘기고 속이 꽉 찬 대게가 제일 맛있다 한다. 안도현 시인의 '스며드는 것'이란 시를 떠올려 본다.

금진다리 건너 언덕에서 바라본 영덕대게 집산지로 알려진 강구항 모습

꽃게가 간장 속에/반쯤 몸을 담그고 엎드려 있다/등판에는 간장이 울컥울컥 쏟아질 때/꽃게는 뱃속의 알을 껴안으려고/꿈틀거리다가 더 낮게/더 바닥쪽으로 웅크렸으리라/버둥거렸으리라 버둥거리다가/어찌할 수 없어서/살 속에 스며드는 것을/한때의 어스름을/꽃게는 천천히 받아들였으리라/껍질이 먹먹해지기 전에/가만히 알들에게 말했으리라/저녁이야/불 끄고 잘 시간이야

걷는 내내 푸른 동해와 손을 꼭 잡고 함께 걸었고, 태백산에서 다대포로 힘차게 달려가는 낙동정맥과 함께했다. 블루로드 A 코스 출발점에서 만나는 생동감 넘치는 강구항 풍경이 세상살이의 힘겨움을 따스하게 위무慰撫해준다. 체험이나 볼거리가 없기에 조용히 사색하며 걸을 수 있는, 나이 든 사람들에겐 아름다운 바다의 추억을 돌려주고, 연인에겐 낭만과 기쁨을 선물하며, 아이들에겐 꿈을 키우고 바다와 길의 소중함을 깨닫게 해주는 '빛과 바람의 길'이기 때문이다.

위치 경북 영덕군 영덕읍 중앙길 29
교통 자가운전, 대중교통 (기차, 버스)
코스 영덕역~고불봉~금진구름다리~강구항~강구터미널 (편도 9km)
문의 영덕군 문화관광과 054-730-6396

청도,
운문사 솔바람길

격정·고민 잊게 하는 솔향 솔솔 '솔바람길'

소나무 터널을 이룬 솔밭 사이를 느리게 걸으며 들어간다

세속 떠나 진리의 세계로 안내

안개 끼는 날이 많은 청도의 사계는 색의 향연, 특히 보색의 잔치이다. 봄에 찾은 청도는 벚꽃과 복사꽃 그리고 연한 감잎이 연출하는 색채 대비 속에 어지럼증을 일어나고, 여름은 짙어진 녹색의 푸르름에 눈이 시릴 지경이고, 가을은 곳곳에 깔린 진녹색 양탄자와 선홍빛으로 익어가는 감나무 뒤로 펼쳐진 초록의 대지에 파란 물이 뚝뚝 떨어질 듯한 하늘을 보여준다. 누가 뭐래도 운문사는 겨울이 가장 아름답다는데 푸르름 가득한 여름

날은 또 다른 느낌이다. 어디에서 들어오든 길가의 여러 여름꽃이 나란히 도열해 반겨주기 때문이다. 110년 만의 폭염이 기승을 부리던 시간도 자연의 순리에 따라 한껏 누그러진 날 호거산 자락 청정도량 운문사가 있는 '솔바람길'을 따라 걸어 운문사 만세루 마루에 앉아 처진 소나무를 보면서 잠시 쉬었다가 경내를 천천히 둘러 본 뒤 북대암에 올랐다 되돌아오는, 짧지만 살짝 땀을 흘리며 갔다 오는 기억에 남는 길이다.

구름 대문을 활짝 열고 들어오라는 호거산 운문사 일주문

절 매표소는 절에 들어서기 전 세속의 번뇌를 씻고 진리의 세계로 향하라는 절의 일주문이 아니었다. 소나무들이 울창하게 들어찬 솔숲길이 반긴다. 노송들이 시원스레 뻗어 올라 소나무 터널을 이룬 솔밭 사이를 느리게 걸으며 들어간다. 소나무 숲을 걷는 발걸음은 무척 가볍다. 물소리 가

득한 운문천이 함께 흘러서일까 아니면 세상을 초탈한 비구니들이 공부하는 곳이어서 그런 것일까. 수백 년 나이를 고스란히 간직한 솔숲은 앉아 쉬는 곳이 휴식처다. 길은 사람의 손길이 닿지 않은 자연 그대로가 가장 좋다. 게다가 사람 편하자고 콘크리트, 아스팔트를 깔고 나면 그 맛은 온데간데없어지고, 무릎이며 발목에 무리가 오게 마련이다. 다행히 운문사 솔숲길은 사람과 차가 다니는 길이 따로 있어 더불어 살아가는 공존의 좋은 표본을 보여주는 것 같다. 솔바람길 나무 이정표에 많이 보고 들었던 법구경 한 구절이 눈에 들어온다.

　'소리에 놀라지 않는 사자와 같이, 그물에 걸리지 않는 바람과 같이, 흙탕물에 더럽혀지지 않는 연꽃과 같이 무소의 뿔처럼 혼자서 가라!'

천연기념물 180호 '처진 소나무'는 운문사의 상징이다

깔끔하고 단아한 운문사 경내, 처진 소나무 눈길

청정한 솔바람 소리에 실려 오는 낮은 소리를 들으며 걷다 보면 법열法悅에 든 스님보다 더 큰 행복을 느낀다. 냇물 소리든, 풀벌레 소리든, 바람 소리든, 운문사 비구니의 염불 소리든 굵은 줄기마다 붉은빛 머금은 소나무들은 하늘로 치솟고 소리는 낮게 가라앉아 반겨준다. 쭉쭉 뻗은 금강송도 좋지만 아무래도 소나무는 굽고 틀어진 것이 제격이지 싶다. 게다가 그리 무거울 것도 없는 가지가 하늘을 우러르지 않고 땅으로 향하는 모습은 자못 경건함마저 들게 한다.

운문사 솔밭은 서산 안면도 해송밭, 경주 남산 삼릉계 솔밭, 풍기 소수서원 진입로 솔밭 못지않게 장관이다. 운문雲門, 말 그대로 운문사는 구름 대문을 활짝 열고 들어오듯 안개가 짙게 내려앉는 모습에 소나무들은 줄기에 습기를 머금어 더욱 불그스레 피어오를 때 운문사 소나무들은 환상적인 아름다움을 보여주는지 모른다. 운문사 노송들은 그 밑동이 마치 대검에 찍히고 도끼로 파인 듯한 큰 상처의 흠집을 갖고 있다. 일제 말기 대동아 전쟁 때 송진을 공출하기 위해 받아낸 자국이다. 그럼에도 아픔의 상처를 드러내놓고도 당당한 자태로 늠름히 사철 푸르게 살아있지 않은가. 누구 하나 눈길 주지 동안에도 도톰하게 살이 올라 그 모습이 역설적이게도 '하트 모양(♡)'으로 보인다. 전국적으로 자행된 일제강점기의 수탈 흔적들은 언제 봐도 안타깝고 답답하다. 운문사 입구까지 연결된 길은 도란도란 이야기 나누며 걷는 모녀의 모습도, 아이를 번쩍 안고 걷는 아버지의 모습도 솔숲길만큼 예뻐 보인다. 빨리 걸으면 절까지 15분이면 닿겠지만, 이 길은 느릿느릿 걷는 게 제맛이다. 그윽하게 번지는 솔향과 청아한 새들의 지저귐 소리 덕분인지 길을 걷는 사람들 표정이 맑다.

길 오른쪽으로 계곡 물소리가 시원하게 들려올 즈음이면 일주문도 천왕문도 없는 절 입구는 2층으로 된 호거산 운문사 범종루 앞에 닿게 된다. 구름으로 들어가는 산문이라는 운문사雲門寺다. 나의 문화유산답사기를 쓴 유홍준은 비구니 승가대학이 있어 사미니계를 받은 250여 명의 비구니 학인 스님이 항시 있다는 것, 장엄한 새벽예불, 운문사 솔밭, 운문사의 평온한 자리매김, 일연스님이 삼국유사를 이 절에서 썼다는 사실을 운문사의 다섯 가지 아름다운 것으로 꼽았다.

운문사는 비구니 사찰이자 비구니 스님들이 공부하는 4년제 승가대학이다. 그래서인지 비구니들의 수도 도량답게 깔끔하면서도 단아하다. 범종루를 지나면 수령이 400년 넘었다는 천연기념물 180호로 지정된 '처진 소나무'가 반갑게 맞이한다. 사방으로 나뭇가지가 뻗었고 곳곳에 가지를 지탱하기 위한 지지대가 세워져 있다. 매년 봄이면 뿌리가 땅에 잘 밀착될 수 있도록 열두 말 가까운 막걸리를 부어준다고 한다. 둥글고 낮게 가지를 드리웠으나 여전히 푸른 것이 400년의 세월을 무색하게 하며 운문사를 상징하는 나무가 되었다.

운문사 경내는 시간을 갖고 천천히 둘러보는 것이 좋다. 처진 소나무 옆으로 보이는 만세루도 크지만, 대웅보전 규모 역시 엄청나다.

쉬엄쉬엄 느릿느릿 걸어야 제맛

만세루에서 바라보는 북쪽 산자락에 자리한 북대암이 제비집처럼 보인다. 잘 배치된 건물과 터가 정갈하고 시원스럽게 느껴진다. 운문사에는 대웅보전이 둘이다. 만세루 너머에도 있고 앞에도 있다. 만세루 너머 대웅전은 새로 지은 대웅보전의 절반도 되지 않지만 아담하고 오랜 역사를 가지

만세루에서 바라본 북대암이 제비집처럼 보인다

고 있다. 대웅보전을 신축하면서 이미 지어진 대웅전을 극락전으로 바꿔 부르기로 했지만, 기존의 대웅전이 보물 제385호로 지정되어 변경하지 못하고 있다. 기존 대웅전 법당 안에는 극락으로 가는 배를 상징하는 반야 용선이 천정에 표현되어 있다. 줄을 잡고 오르는 '악착동자'라 불리는 작은 동자상의 익살스러운 모습은 반드시 보고 올 일이다. 극락전(대웅전) 앞에는 한 쌍의 해태상이 있는데 오른편 것은 새끼를 안고 있어 암컷임을 짐작하게 한다. 그 앞에 석등과 석탑이 한 쌍씩 나란히 있다. 아마도 쌍탑의 배치와 맞춘다고 새것을 하나 더 세웠는데 새로 세운 것이 어색하지 않게 보이려고 했던 것 같은데 왠지 어색하고 이상해 보인다.

본래 절 마당이 아무리 커도 석등은 하나만 모시도록 되어 있기 때문이다. 그것은 불문율이 아니라 '시등공덕경施燈功德經'에 보면 "가난한 자가 참된 마음으로 바친 하나의 등은 부자가 바친 만 개의 등보다도 존대한 공덕이 있다"라는 구절을 떠올려 보면 이해가 될지 모르겠다. 발길을 돌려 작압전에 있는 사천왕 석주를 보러 간다. 둥글둥글 순한 얼굴의 사천왕상은 귀여운 모습이다. 절 안쪽으로는 강학의 공간이라 출입을 금하고 있다. 만세루 마루에 앉아 잠시 생각에 잠겨본다. 몇 해 전에 시절인연이 되어 보았던 새벽예불은 지금도 잊을 수 없다. 250여 명의 비구니가 법당 안에 정연히 늘어서서 의식과 함께 행하는 새벽예불은 무반주 합창이다. 절을 올리며 합창하는 자세가 반복되기 때문에 엎드려 고개 숙여 소리를 낼 때는 소리가 낮게 내려앉고, 다시 합창의 자세로 돌아오면 고음高音이 되는 과정을 지켜보노라면 마치 합창단과 예불의식이 분리된 것이 아니라 일체가 되어 있다는 느낌을 받았기 때문이다.

북대암에서 내려다본 운문사 전경

북대암에 올라 운문사 전경은 꼭 보아야

경내에서 나오면 들어올 때 보았던 돌담길 담장 따라 벚꽃이 흩날리는

북대암 올라가는 길에 만난 보호벽에 이끼가 가득하다

봄날을 상상하며 포장도로 솔바람길 따라 걷다가 내원암 표지석을 지나
면 이내 북대암 가는 길을 만난다. 북대암은 운문산에 처음으로(서기 557
년) 세워진 암자이다. 구불구불 좌우로 꺾어진 길 따라 올라가는 것이 조금
힘들다는 느낌을 주지만 콘크리트 포장으로 인해 고졸古拙한 맛을 잃어버
렸다. 그래서일까 걷는 사람이 안 보인다. 중간쯤 새로 조성한 '극락교' 다
리 한쪽 기둥에 '나를 비우면 모두가 편안하리라'라는 글귀를 보며 세상이
너무 빨리 바뀌어서 그런지 몰라도 요즘 사람들은 자신을 비우거나 가는

것도 빠른 모양이다. 한 걸음씩 걸어 올라가도 비울까 말까인데 차를 타고 빠르게 올라가면서 어떻게 자신을 비울 수 있을지 모르겠다.

북대암에서 내려다본 운문사의 기막힌 풍광은 짧지만 힘들게 걸어 올라간 노고를 충분히 보상하고도 남음이 있다. 여름 내내 더위에 지치고 눅눅해진 마음을 햇살에 널어 말리다 오기 좋은 길이다.

위치   경북 청도군 운문면 운문사길 264
교통   자가운전, 대중교통 (버스)
코스   운문사 주차장~운문사~북대암~주차장 (왕복 5.3km)
문의   청도군 문화관광과 054-370-2379

안동,
병산·하회 선비길

병풍처럼 두른 '병산'의 절경과 함께 느릿느릿 즐기는 여유

만대루 앞에서 바라본 병산서원 모습

한국 건축사의 백미, 병산서원

이른 아침 안동버스터미널에서 버스를 타고 하회마을 지나 도착한 병산
서원은 안개에 휩싸여 있었다. 이따금 굴뚝 연기와 바스락대며 사위가 깨어
나는 기척 외에는 인적도 뜸했다. 오래전 도로 사정이 좋지 않아 버스가 다
니지 않던 시절 하회마을에서 병산서원屛山書院까지 걸어갔던 추억이 떠오
른다. 방문객을 위한 시설들이 새로 세워지는 등 주변 풍경이 많이 변했다.
병산서원에서 출발해 낙동강변 하회마을길을 따라 걷다 화산을 지나 하회
마을을 둘러보고 부용대에 올랐다 다시 하회마을로 돌아오는 여정이다.

드문드문 있는 집들을 지나면 한국 건축사의 백미白眉, 병산서원이 눈에 들어온다. 본래 '풍악서당'이라 하여 풍산읍에 위치했던 이 서원은 서애 류성룡 선생이 선조 5년(1572년) 후학 양성을 위해 이곳으로 옮겨왔다. 화산을 등지고 낙동강이 감도는 바위 벼랑을 마주 보며 소나무의 짙푸름이 조화를 이루는 절묘한 경치와 뛰어난 건축물로 유명하다.

특히 빼어난 자연경관이 병풍을 둘러친 듯해서 '병산屛山'이라 불린다. 병산서원은 풍산 류씨 집안의 사학이었고, 후에 사액서원으로 승격된 후로 많은 학자를 배출한 곳이기도 하다.

병산서원에 도착해 만대루에 오르는 순간 시공간을 잊은 채 하염없이 앞만 바라보았다. 시간이 흐르면서 점점 내 몸은 만대루가 아닌 우주의 넓은 공간에 떠 있는 것 같았다.

온몸의 세포가 마당에 핀 배롱나무처럼 강과 산을 향해 사방이 열린 건물이다. 조선 건국 후 최대 위기였던 임진왜란을 겪으며 격랑激浪의 난세를 치우치지 않는 균형감각으로 현명하게 헤쳐 온 서애西厓 유성룡이 정계 은퇴 후 낙향, 낙동강 흐르는 화산을 병풍처럼 드리운 이곳에 후학들을 위해 누를 세웠다. 그는 하회마을을 휘감고 돌아가는 강 건너 산자락 옥연정사에서 임진왜란의 교훈을 징비록懲毖錄이라는 책으로 남겼다. 병산서원은 성리학 전성기에 학문과 현실 참여를 동시에 이룬 유성룡의 기개와 포부, 후손들에 대한 서원誓願이 고루 어린 곳이기도 하다.

건축학자 승효상은 '오래된 것들은 다 아름답다'라는 책에서 병산서원에 대해 이렇게 소개하고 있다.

"외국인들에게 우리 건축의 특징을 알려주고 싶을 때, 그가 시간만 있다면 나는 하회마을 언저리에 있는 병산서원으로 안내한다. 이제까지 한 번도 실패한 적이 없다. 거의 반드시 그들은 이 놀라운 공간과의 조우로 깊은 사유에 들어간다."

만대루에 오르면 우주의 넓은 공간에 떠 있는 것 같다

사액서원 승격 후 많은 학자 배출

　자신의 스승이었던 이황이 명종의 부름에도 나아가지 아니하고 학문과
후진 양성에 일생을 바쳤던 것과 대조적으로 그는 시대의 부름에 응해 자
신의 사명을 다했다. 그들이 몸담았던 공간에서도 분위기 차이를 느낄 수
있다. 이황의 도산서원은 꼬불꼬불 돌아 들어간 산중에 자리 잡고 있어 오
로지 공부에만 몰입할 수 있을 것 같은 아늑한 공간이었다. 그에 비해 병
산서원은 비록 낙동강이라는 천연의 해자垓子를 둘러치긴 했지만 모래벌
에 당당히 나선 헌헌장부의 기상을 지녔다. 만대루에 서서 큰소리로 글을
읽으면 마주 선 화산이 절벽 끝으로 감아올려 하늘에 계신 성현께 이을 듯
하고, 시를 지어 낭랑한 목소리로 읊으면 낙동강 흰 물새가 이를 물어 온
세상에 전할 것 같다.

우리 건축은 무릇 그곳에 사는 사람의 것이다. 밖에서 보는 자의 즐거운 시선을 위한 것보다는 그곳에 사는 사람의 건강과 향유를 위해 지어졌다. 안에서 하루라도 지낸다면 서원이 지닌 편안함과 아름다움을 더 잘 느낄 수 있을 것 같다.

입교당 마루에서 만대루를 보면 특별한 느낌을 받게 된다

유네스코 문화유산 지정 하회마을

입교당 마루에 앉아서 만대루를 보면 만대루의 비워진 공간이 풍경화에 걸린 벽임을 실감할 수 있다. 만대루가 병산서원의 규모에 어울리지 않게 옆으로 기다랗게 지어진 연유도 깨달을 수 있다. 그러기에 우리의 건축 문화재를 일 년에 단 며칠이라도 개방해 당대에 그렇게 쓰였던 것처럼 그곳에 기거해볼 수 있었으면 하는 바람을 가져본다. 건물은 사람의 숨결을 먹고 산다는 말이 헛말이 아니기 때문이다.

배롱나무는 껍질이 하얗게 벗겨져 일신우일신日新又日新의 마음가짐을 일깨워준다는 선비의 꽃이다. 더운 여름날 지친 푸름 속에서 도드라진 진분홍 빛깔로 활력을 돋아주는 꽃나무다. 끝없는 채움의 강박을 한여름 매미 허물처럼 벗을 수 있다는 걸 보여준다. 눈을 감아도 환하게 새어드는 빛이 황홀한 시간이다. 건물 난간에 기대어 진교당과 동재의 모습을 감상한다. 복례문 너머로 사람들 인기척이 들려온다.

조상의 해학과 재미가 담겨 있는 달팽이 뒷간 모습

먼발치에서 들리는 감탄사를 뒤로하고 밖으로 나오면 언제 봐도 재미있는 달팽이 뒷간을 보게 된다. 그 사이 햇살이 안개를 거두어 갔다.

이제는 낙동강 따라 하회마을까지 잇는 '병산·하회 선비길'로 향한다. 병산서원을 출발해 하회마을까지 가는 방법은 입교당 뒤 화산등산로 길과 낙동강 강변을 따라 걷는 하회마을길이 있다. 병풍처럼 둘러쳐진 '병산屛山'의 절경과 선비의 삶을 고스란히 느낄 수 있는 하회마을길을 따라 걷는다. 그 옛날 병산서원에서 공부하던 유생들이 학문에 대한 고민을 덜어내고자 걷던 길이자 서민들의 삶이 오롯이 녹아있는 길이다. 강과 산이 함께 흘러 하회마을의 풍수지리적 아름다움과 자연의 풍광, 유유히 흐르는 낙동강을 바라보며 사색에 잠기며 걸을 수 있다. 병산서원 화장실에서 강 따라 이어진 큰 길이 하회마을길이다. 선비처럼 느릿느릿 걷는다. 겸암 류운룡을 비롯해 풍산 류씨 사람들 무덤이 있는 화산 중턱 고갯마루에서 뒤를 돌아보면 하회마을이 한눈에 들어온다. 서너 명이 어깨를 나란히 할 정도로 넉넉한 길이다. 이 길을 따라 서애 유성룡을 흠모하고 따르던 조선시대 영남의 숱한 선비들이 하회마을과 병산서원을 오고 갔을 것이다. 길 곳곳에 안도현 시인의 '낙동강', '허도령과 하회탈이야기' 등이 있어서 걷기의 재미를 더한다. 낙동강을 끼고 산비탈을 오르다 숨이 찰 때쯤이면 정상 쪽에서 불어오는 시원한 바람과 함께 쉬어갈 수 있는 정자가 나온다. 이곳에서 유유히 흐르는 낙동강을 조망하며 잠시 쉬었다가 다시 발길을 재촉하면 하회마을에 다다른다. 정자에서 하회마을로 내려가다 한눈에 보이는 마을 풍경은 걸어왔던 노고를 풀어준다.

　강 건너 부용대에 오르면 마을이 한눈에

　하회마을로 내려와 천천히 곳곳을 둘러본다. 내국인뿐만 아니라 외국인들이 가장 많이 찾아오는 곳이기도 하다. 조선시대 씨족마을, 양반마을의 형태를 가장 잘 유지하고 있음은 물론 전통문화를 보존, 계승하고 있어 2010년 7월 31일 경주 양동마을과 함께 유네스코 세계문화유산으로 지정됐다. 벚나무가 심어진 낙동강 둑길을 따라 걸으면 부용대와 만송정 등 하회마을의 또 다른 모습을 감상할 수 있다.

부용대에 오르면 마을이 한눈에 들어온다

　하회마을에 오면 부용대를 빼놓고 갈 수 없다. 부용대로 가기 위해 배를 탄다. 예전에는 고정된 줄을 당겨 강을 건넜지만, 지금은 동력선으로 강을 건넌다.

　오솔길 따라 가다 보면 옥연정사가 나오고 왼쪽으로 부용대 가는 길이다. 서애는 큰 공훈에도 불구하고 당파싸움에 밀려 노년기를 옥연정사에 은거하며 징비록懲毖錄을 썼다. 징비록에는 혹독한 전쟁과 전쟁 이후 가난과 병마로 비참했던 서민들의 살림살이, 그 대책과 비방을 조목조목 적어 후세에 경계토록 했다. 부용대에 서면 낙동강이 하회마을을 휘감아 흐르는 모습을 한눈에 볼 수 있다. 산과 강이 'S'자 모양으로 어우러져 '산태극山太極 수태극水太極'에 연꽃이 물에 떠 있는 '연화부수형蓮花浮水形' 모습을 띠고 있어 풍수지리적으로 왜 하회마을이 명당이라 하는지 느낄 수 있다.

　마을에는 충효당과 양진당이 대표적 종가로, 남촌댁과 북촌댁이 반가의 두 기둥으로 버티고 서서 상하를 어우르고 있다. 다시 강을 건너 하회마을로 되돌아와 무형문화재 제69호로 지정된 하회별신굿을 보러 마을 입구에 있는 탈춤공연장으로 향한다. 하회별신굿은 무동, 주지, 백정, 할미, 파계승, 양반, 선비, 혼례, 신방의 여덟 마당으로 구성되며 탈춤공연장에서는 무동부터 양반까지 여섯 마당 공연을 볼 수 있다. 둥글게 지어진 공연장의 열린 분위기와 함께 생동감 있는 공연이 신명을 돋워주고, 각각의 특징을 잘 살려 생생한 표정이 일품인 하회탈을 볼 수 있는 것도 매력이다.

하늘은 높고 바람은 선선하다. 들판에 곡식이 누렇게 익고 나무마다 열매가 주렁주렁 열렸다. 산과 들에 가을빛이 완연하다. 지난여름 폭염에 시달렸던 지친 몸과 마음을 불어오는 바람 속에 맡기고 싶은 날 이 길을 걸어보자.

위치   경북 안동시 풍천면 병산길 386
교통   자가운전, 대중교통
코스   병산서원~화산~하회마을~부용대~주차장 (편도 6.8km)
문의   안동시 관광진흥과 054-840-6280

예천,
십승지지 금당실길

키 낮은 돌담길 굽이굽이 어깨동무 한 고택의 풍치

모녀로 보이는 주민이 금당실 돌담길을 걸어가고 있다

'단맛 나는 물이 솟는 샘'이라는 뜻을 지닌 경북 예천醴泉은 북동쪽으로 소백 준령이 감싸고 있으며, 남서쪽으로 낙동강과 내성천이 흐르는 전형적인 배산임수 마을이다. 특히 금당실 돌담길은 99가구 전통가옥이 만들어내는 풍치가 시선을 사로잡는다. '금당실'과 '맛질' 등 두 마을은 서로 이웃해 있으면서 많은 인재를 배출한 대표적인 양반마을이다.

대표적 양반마을로 알려진 금당실, 맛질

　태조 이성계가 조선을 개국하고 이곳에 도읍을 만들려다 큰 내川가 없어 무산됐다고 한다. 그래서 이곳 주민들은 '금당, 맛질' 반서울이라 부르고 있다. 조선시대 정감록의 십승지지十勝之地 가운데 한 곳으로 선비들의 은둔처로 각광 받았다. 그만큼 선비들의 교류가 잦았고 번성했다고 한다.
　금당실길은 병암정에서 시작해 맛질~금당실 마을~금당실 송림~예천 권씨 초간 종택~초간정까지 들판과 평지를 걷는 길이다. 예천시외버스터미널에서 용문행 시내버스를 타고 병암정 정류소에서 내린다.

용문면사무소 앞에 세워진 금당실마을 안내도

　병암정 이정표 따라 다리를 건너 길을 걷다 보면 절벽 끝에 올라앉은 정자 하나가 보인다. 조선 말기 1898년 지었다는 병암정屛巖亭이다.
　병암정은 이름 그대로 병풍 같은 바위 위에 있는 정자다. 정자는 어른 키 몇 배 될 듯한 깎아지른 절벽 위에 아슬아슬하게 걸터앉았다. 절벽 아래에 둥근 연못이 있고 그 가운데 작은 인공섬인 석가산을 만들었다. 석가산으로 건너가는 징검다리가 바둑판 위의 검은 돌처럼 점점이 놓여 있다. 사당인 별묘를 지나면 병암정이 바로 앞이고 좁은 문으로 들어가 마당에 선다. 최근 복원된 건물이라 고졸한 멋은 없다.

병암정은 이름 그대로 병풍 같은 바위 위에 있는 정자다

담장 아래 놓인 디딤돌에 올라서면 병암정 일대가 한눈에 들어오고 풍요로운 결실을 기약하는 너른 들녘이 답답한 가슴을 탁 트이게 한다. 멀리 맛질과 금당실 마을이 보인다.

왔던 길로 다시 나와 금당실 마을 가기 전 들판을 가로질러 맛질로 향한다. 맛질은 927번 지방도를 경계로 큰 맛질과 작은 맛질로 나뉜다. 높은 산이 에워싼 가운데 큰 들이 펼쳐져 있는 마을이 바로 큰 맛질이다. 정감록의 십승지지 중 한 곳인 '금당, 맛질' 반서울은 수많은 고택과 고가옥, 종택이 잔존하는 양반문화 집적지 중 하나다. 500여 년 전 함양 박씨, 원주 변씨, 안동 권씨, 예천 권씨, 의성 김씨 등 5개 성씨가 혼인으로 인척 관계를 맺어 집성촌을 이뤘다. 수만여 명의 주민들이 거주했고, 상업교류의 중심마을이기도 했다.

금당 맛질 반서울 이정표

반서울이라며 많은 인재 배출

함양 박씨 주부공 종가의 작은 집에 해당하는 미산고택이 마을 가운데 자리하고 있다. 미산고택은 현재 경상북도 문화재 자료로 지정돼 있으며, 대원군이 미산재라고 현판을 써 주었다고 전해진다. 큰 맛질에서 용문면 사무소 방면으로 가다 보면 작은 맛질이 나온다. 안동 권씨 복야공파 야옹 권의의 후손들이 집성촌을 이루며 사는 마을이다. 동양 최초 음식조리책 '음식디미방'을 지은 정부인 장씨의 외가가 살던 곳이기도 하다. 장씨 부인은 어린 시절부터 어머니를 따라 외가에 와 맛질의 요리를 배워 익혔을 것이다. 안동 권씨 입향조 권의를 모시는 야옹정 사당이 눈에 띄고, 춘우재 종택과 연우 고택은 경상북도 민속자료로 지정돼 있다.

마을에서 나와 우측 금당실 마을 방향으로 포장도로를 따라 방두들고개를 넘으면 큰 고건축물이 웅장한 초정서예관이 눈에 띈다. 현존하는 대한민국 최고의 명필이자 5대 국새의 글자를 새긴 초정 권창륜 선생이 원장이다. 이곳에서는 초정 선생이 직접 이론 강의와 실기 지도를 한다. 또 귀중한 서예유물들도 상시 전시돼 있다. 도로를 따라 금당실 마을로 향한다.

십승지지 가운데 한 곳인 금당실 전통마을

기와집이 즐비하고 돌담장이 7km나 이어지는 전통마을인 금당실은 조선 태조가 도읍지로 정하려 했던 십승지지 가운데 하나로 알려져 있는 전통마을이다.

금당실 송림은 이 마을 자랑거리이자 비보숲인 방풍림이다

아름다운 주변 경관과 지형으로 외지인의 발길이 이어졌다. 특히 마을 방풍림으로 '쑤'라고 불리는 800m가량의 아름드리 소나무로 가득한 '금당실 송림(천연기념물 제469호)'은 이 마을의 자랑거리이자 마을의 비보神補 숲인 방풍림이다.

금당실 마을의 특징은 아름다운 고택과 채소밭 사이로 굽이굽이 이어지는 키 낮은 돌담길이다. 투박한 돌들을 낮게 쌓아 올린 돌담 넘어 고택과 마을 집들의 살림살이가 한눈에 들어온다. 현재 360여 가구가 거주하고 있을 정도로 마을 규모가 크다. 돌담길이 끝없이 이어진다. 막돌담장, 토석담장, 기와담장 등 낮은 돌담이 정겹다. 돌담 사이로 텃밭이 있고 고샅길이 구불구불하다. 초가집이나 기와집이 많은 것은 2006년 생활문화체험마을로 지정되면서 고택과 일반집을 옛 모습대로 복원했다.

아름다운 원림 초간정은 바다 섬 닮은 모습

마을 이름인 '금당실'은 금당곡 혹은 금곡이라고도 한다. 임진왜란 때 명나라 장수가 지나가면서 '달구리재(학명현)가 앞에 있고 개우리재(견곡현)가 오른쪽에 있으니 중국의 양양 금곡과 지형이 같다'고 해서 '금곡'이라는 이름이 생겼다고 한다. 이정표 따라 돌담길을 걷다 보면 금곡서원, 덕용재, 우천재, 추원재와 사당, 반송재 고택, 사괴당 고택 등 보존가치가 높은 고택이 즐비하다. 집안이 훤히 보일 정도로 나지막한 돌담이 마을을 깊숙이 가로지르며 S자 형태로 흘러 들어간다. 돌담길은 집안을 연결하며 미로처럼 뻗어 있다. 길을 잃을까 걱정하지 않아도 된다. 군위 한밤마을 돌담길처럼 시간을 잊고 과거로 돌아간 것처럼 발길 닿는 대로 걸으면 된다. 예천 금당실 가서 옷 자랑하지 말고, 구례 가서는 집 자랑하지 말라는 말이 전해진다고 한다.

다시 발길을 돌려 금당실 송림을 둘러본 뒤 맞은편 도로 지나 상금교 건너 오른쪽 금곡천 따라 걸으면 죽림리竹林里(대죽마을)가 나온다. 죽림리는 우리나라 최초 백과사전인 '대동운부군옥大東韻府群玉'과 일상생활을 기록

한 '초간일기'를 지은 초간 권문해草澗 權文海(1534~1591) 선생이 태어난 곳으로 예천 권씨 집성촌이다.

초간은 1560년(명종 15) 문과에 급제해 좌부승지 관찰사를 지낸 뒤, 1591년(선조 24)에 사간司諫이 됐다. 일찍이 퇴계 이황李滉의 문하에서 수학해 학문에 일가를 이뤘고, 서애 류성룡, 학봉 김성일 등과도 친교가 두터웠다. 초간 선생은 죽림리에 머물며 매일 북두루미산의 산자락을 따라 초간정사를 오갔다. 그 예던 길은 사색의 길이고 명상의 길이었다. 초간종택에서 초간정을 가려면 옛길의 자취가 희미하게 남아있는 고개를 하나 넘어야 한다.

초간종택을 나와 앞을 지나는 마을길 따라 걷다가 산길로 들어선다. 길은 포장돼 있고 오른쪽 비탈을 깎아 만든 계단식 논이 펼쳐진다. 계단을 세듯 천천히 올라가다 갈림길이 나오고 오른쪽으로 들어서면 이내 고갯마루에 다다른다. 이곳부터 초간정까지는 내리막이다. 초간종택에서 50분 정도 걸으면 오른쪽 솔숲 사이로 초간정草澗亭이 보인다. 논을 지나고 소나무길을 지나 초간정 살림집 대문 앞에 도착한다.

초간정을 전체적으로 보려면 초간정 오른쪽 출렁다리를 건너 언덕에서 보는 것이 좋다. 금곡천이 바위를 감싸 흐르고 바위 위에 초간정을 지었다. 그 모습은 바다 한가운데 뜬 섬을 닮았다. 세상 시름을 잊은 채 고고한 선비인 양 금곡천을 굽어보고 있다. 정자의 처음 이름은 '초간정사'였다가 나중에 '초간정'으로 불리게 된다. 정사 이름은 초간이 당시唐詩에서 따 왔다. 16세기 영남 사림파들 삶의 한 전형을 보여준다. 냇물 소리만이 적막을 깨운다. 초간정은 인공적으로 원림을 만들어 건축한 것이 특징으로 소쇄원과 함께 손꼽히는 아름다운 원림이다. 예천 8경 중 하나로 절경을 자랑하지만, 초간 선생이 말년의 외로움을 견디며 글을 썼던 쓸쓸함이 배어

아름다운 절경을 자랑하는 '초간정'은 원래 '초간정사'였다

초간정의 또다른 모습

있는 곳이기도 하다.

　걷기를 마치고 나무의자에 앉아 잠시 생각에 잠겨본다. 세상은 넓고 복잡하다. 해야 할 일도 많고, 마음 쓰이는 구석도, 속상한 일도 많다. 그러다 보니 어느 순간 자신을 잃어버리기 쉽고 일상이 허무해지기도 한다. 그래서 사람들은 일탈로, 유흥으로, 독특한 취미에 집중하는지 모른다. 일단 걸어보자. 걷다 보면 자신을 만나기 좋은 환경이 만들어진다. 바로 자연이다. 다른 생각을 떠올릴 이유도 없다. 그저 걷고 또 다음 목표를 향해 갈뿐이다. 그러다 목표지점에 도달한다. 걷기는 단순하고 거친 여정이 자신에게 선사할 수 있는 최고의 선물이 아닐까 싶다.

위치　경북 예천군 용문면 성현길 22-39
교통　자가운전, 대중교통
코스　병암정~금당실마을~예천 권씨 초간종택~초간정 (편도 9.3km)
문의　예천군 문화관광과 054-650-6398

김천,
직지문화모티길과 사명대사길

사명대사 호국 발자취 따라 한 걸음 한 걸음 가을을 즈려밟다

규모가 제법 큰 기날저수지의 정식 명칭은 직지저수지이다

    김천에는 걷기 좋은 모티길이다. '모티'는 '모퉁이'를 뜻하는 경상도 방언이다. 직지문화모티길(4.5km), 사명대사길(4.5km), 인현왕후길(9km), 수도녹색숲 모티길(15km) 등 4개의 길이 있다. 직지문화모티길과 사명대사길은 직지사 주변, 인현왕후길과 수도녹색숲 모티길은 청암사 주변에 있다. 대중교통을 이용한 접근성이 좋고 주변에 볼거리가 많을 뿐 아니라 걷기에 불편함이 없는 직지문화모티길을 걸었다.

옛길 그대로 간직한 산책로

출발은 직지공영주차장. 버스를 타고 왔던 길로 걸어 내려간다. 대항면
주민들이 만든 솟대거리를 지나면 쉼터가 나타나고 이내 지천마을과 합천
마을을 만나게 된다.

주민들이 만든 솟대거리가 인상적이다

포장도로가 끝나는 지점에서 왼쪽 직지저수지 방향으로 걷는다. 걷다 보면 김천 과하주 공장과 직지저수지가 보인다. 본격적인 모티길이 시작되는 셈이다.

직지저수지는 많은 이름을 가지고 있다. 기날마을 앞에 있다고 해서 기날저수지라 부르고, 몇몇 지도에는 복전저수지로 나와 있지만, 정식 명칭은 직지저수지이다. 그리 크지 않은 규모의 공장에서 만드는 김천 과하주 過夏酒는 무형문화재 경북 제11호로 지정돼 있으며 수백 년의 역사를 지닌 전통주로 김천 특산물 중 하나다. 술 이름이 참 멋지다. 여름이 오기 전, 봄에 만들어서 마셨기 때문에 이런 이름을 붙였다고 한다.

과하주는 약주와 소주를 섞어서 빚은 술인데 조선 초부터 일제강점기 때까지 유명했다고 한다. 향과 맛이 좋아서 왕에게 진상됐던 술이다. 직지저수지 안쪽 길을 걷기 위해 제방 길을 따라 건너간다. 저수지 치곤 상당히 큰 규모다. 주변 곳곳에 낚시하는 사람을 심심치 않게 보게 된다. 물고기가 꽤 잡힌다고 한다.

저수지 제방으로 갈 수 있도록 나무테크를 만들었다

가을 햇살이 뜨겁지만 길은 저수지 옆 나무숲 사이로 조성돼 있어 시원한 바람과 함께 걷기에 좋다. 저수지 길옆에는 염소가 사람을 경계하면서 끊임없이 울어대고 있다. 저수지를 끼고 도는 길이 끝나는 지점에 괘방령으로 가는 큰 도로와 만난다. 도로를 따라가다 보면 큰 느티나무 아래 기날마을 쉼터에서 잠시 목을 축이며 쉰다.

사명대사길과 직지문화모티길 구간은 직지사에서 괘방령掛榜嶺으로 향하는 고갯길을 새롭게 단장한 길이다. 괘방령은 김천시 대항면과 충북 영동군 매곡면을 잇는 고갯길이다. 걸 '괘掛'자에 방 붙일 '방榜'자 말 그대로 '방을 내건다'는 의미다. 예전에는 과거시험 결과를 도성이나 전국의 주요 길목에 붙였다. 그중 한 곳이 괘방령이었다고 한다. 괘방령은 경상·충청·전라도 경계에 있었기에 많은 이들이 괘방령에서 조정의 소식을 접할 수 있었다.

하늘 가린 울창한 숲 사이로 걷는 길

오래된 마을들이 그렇듯이 큰 나무가 마을 주민들의 휴식처 역할을 하고 있다. 지금의 기날마을은 다른 자리에 있었다고 한다. 200년 전 새로 부임한 김천 군수가 부임한 후 관아가 있는 자리가 쥐의 형상이라 반대편에 있던 기날마을이 고양이 모양을 가지고 있다고 해서 지금의 자리로 옮겨 버렸다고 한다.

기날마을이 보이는 도로를 따라가다 보면 향천3길 도로명주소 안내판과 직지문화모티길 이정표가 보인다. 이곳에서 왼쪽으로 방향을 잡는다. 여느 마을처럼 콘크리트 포장길이다. 길옆 논에는 벼가 노랗게 익어가고 도토리와 밤들이 여기저기 떨어져 있다. 밤나무 아래는 이미 누군가가 다녀갔는지 껍질만 가득했다.

오르는 길 주변에는 포도나무 위에 씌워진 비닐들이 마치 거대한 비닐하우스처럼 보였다. 김천이 포도와 자두가 유명한 곳이라는 것을 알려주는 것 같다. 여름을 기다리게 만들었던 자두나 복숭아 대신 포도의 달콤한 냄새가 가득한 계절이 왔음을 알려준다.

전국 포도 생산의 11%를 차지하고 있는 김천 포도는 당도가 높다고 한다. 통통하게 익은

잘 만들어 설치한 이정표

포도를 보니 입안에 침이 고인다. 포도밭이 끝나는 곳에 있는 외딴집을 돌아 올라가면 숲속으로 접어드는 길이 나온다. 이 부근에 작은 이정표라도 만들어 주었으면 하는 아쉬움이 들었다. 길을 잃어버릴 일은 없지만, 이 길이 맞나 싶은 불안감이 들었기 때문이다.

길은 숲으로 울창해 뜨거운 햇살을 가려주는 나무들로 가득했다. 요즘 지역별로 다투어 만든 걷기 좋은 길에 가면 사람들이 많이 찾아온다는 것을 알 수 있다. 처음 만들어졌을 때는 좋았는데 알음알음 알려지면서 사람들이 너무 많이 찾아오니 오히려 불편해진 곳들이 많은 것에 비해 직지문화모티길은 아직 사람들이 찾지 않아 혼자 사유하며 걷기에 좋다.

스쳐 지나가는 사람도, 앞서갈 사람도 없이 내 발걸음에 맞춰서 걸을 수 있기 때문이다. 길은 울창한 숲으로 가려 하늘이 안 보일 정도다. 완만한 오르막을 오르면 황악산 등산로와 사명대사길로 갈라지는 낮은 고개에 다

다른다. 주변에 작은 정자도 만들어 놓았다.

직지문화모티길은 사명대사길과 함께 한다. 고개에서 왼쪽으로 원형의 길이 조성돼 있는 사명대사길을 따라 걷거나 곧바로 내려가 직지문화모티길을 걸어도 직지공영주차장에 도착한다. 여기서 각자 선택해서 걸으면 된다.

직지사 쪽으로 가기 위해 곧바로 잘 정비된 길을 따라 내려가면 작은 쉼터가 나온다. 이곳에서 왼쪽으로 가면 사명대사길이다. 오른쪽으로 내려서서 걷는다. 울창했던 나무 사이로 햇살이 들어온다. 숲길이 끝나는 지점에 직지요양원으로 올라가는 큰 도로와 만나는데 왼쪽으로 내려와야 한다.

직지사는 국내 25 본산 가운데 제8교구 본사다

차들이 다니기에 주변을 살피며 내려오다 황악산 하야로비공원을 지나면 직지사가 보인다. 직지사는 사명대사와 오랜 인연을 대변하듯 주변 나무들은 짙은 푸름을 자랑한다. 직지사 입구 맞은편 김천세계도자기박물관과 백수문학관을 들러보는 것도 색다른 즐거움을 선사한다. 잠시 시간을 내어 직지사 경내를 천천히 둘러본다.

직지사直指寺는 절 이름이 왜 '곧을 직直'에 '손가락 지指', 직지直指일까? 몇 가지 유래가 있다.

첫째는 신라에 처음 불교를 전한 아도화상이 선산에 신라 최초의 절집 도리사를 창건하고 황악산을 손가락으로 가리키며 절이 들어설 자리라고 해서 붙여진 이름이라는 것. 둘째는 고려 초 능여스님이 중창할 때, 자 대신 손가락으로 측량해 지었다는 설. 셋째는 '불립문자不立文字 직지인심直指人心 견성성불見性成佛'에서 유래되었다는 얘기다. "말이나 글로 설명하지 않으며, 경전이나 책으로 전하지 않는다. 곧바로 사람의 마음을 가리켜 본성을 보아 부처를 이루게 한다"는 뜻이다.

다양한 볼거리와 문화체험은 덤

참선 수행을 통해 누구나 깨달음을 얻을 수 있다는 선종禪宗의 가르침을 담은 문장이다. 직지사는 다른 절집과 사뭇 다른 것은 건물들이 엄격한 격식을 따르지 않고 자연스럽게 흩어져 있어 분방한 느낌을 준다. 대웅전으로 가려면 단풍나무 숲을 지나는데 경내의 한 통로를 짙은 숲으로 만든 건 직지사가 유일하다. 또한 절집의 물길은 물을 밖으로 빼내는데 오히려 계곡 물길을 절집 마당으로 들여놓아 숲길 따라 전각의 담을 끼고 돌도록 했다.

특히 사명대사가 출가한 곳이고 임진왜란이 발발하자 2000여 명이 넘는 승병을 일으켜 구국제민救國濟民의 선봉에서 큰 공을 세웠음은 너무나 유명하다. 그의 탁월한 외교력으로 조선은 우월적 입장에서 국교를 회복하게 되자 사명대사의 공로로 인해 직지사는 조선 8대 가람의 위치에 놓이게 됨은 물론 300여 소속 사암을 거느리게 됐다. 현재는 국내 25 본산本山 가운데 제8교구 본사本寺다.

직지사를 나오면 이내 직지문화공원이 나온다. 외국 작가들의 조형물을 감상하는 재미는 물론 다채로운 공연과 전시가 열리기 때문에 많은 사람이 찾아오는 곳이다. 공원 도로변에는 아름드리 소나무가 하늘로 뻗어 있어 이곳이 천년 고찰이 있음을 다시 상기시켜 준다. 직지문화공원에서 다리를 건너 좁은 골목을 따라 내려오면 처음 출발했던 직지공영주차장에서 걷기를 마치게 된다.

사람들 사이에 섞여서 사람을 만나는 재미로 길을 걷는 사람이 있고, 세상을 만나고 자신을 만나기 위해 걷는 사람도 있고, 이도 저도 아닌 그냥 친구 따라 강남 가듯 따라 걷는 사람도 있다. 말 그대로 진정한 걷기를 하는 사람은 그리 많지 않은 것이다. 아직 많은 사람이 찾지 않는 길이고 무엇보다 대중교통의 접근성과 무리 없이 가볍게 걸을 수 있다는 점에서 직지문화모티길을 권하고 싶다.

위치 경북 김천시 대항면 직지사길 95
교통 자가운전, 대중교통
코스 직지공영주차장~직지초등학교~직지저수지~기날마을~직지사~직지문화공원
　　　~주차장 (왕복 4.5km)
문의 김천시 관광진흥과 054-420-6713

고령,
대가야 지산동 고분군길
내딛는 걸음마다 진한 '역사의 향기' 문화·힐링·자연 어우러진 야외박물관

우리나라 최초 토기와 철기, 가야금 문화를 찬란하게 꽃피웠던 곳이다

화려했던 옛 영화 감추어진 속살 드러내

경북 고령군은 대구와 경북 성주군, 경남 합천군, 창녕군과 이웃이다.
고령 지역에 사람이 살기 시작한 건 지금부터 약 3만 년 전. 대가야국 도
읍지였고 우리나라 최초의 토기와 철기, 가야금 문화를 찬란하게 꽃피웠
던 곳이다. 정견모주와 이바가의 사이에 난 아들 둘이 대가야와 금관가야
의 시조가 됐다고 건국신화에 전해진다. 서기 400년 금관가야 멸망 이후
대가야는 후기 가야 연맹을 이끈 맹주로 평가받는다. 전성기에는 여수, 순

창, 무주까지 그 영향을 미쳤다고 한다. 이처럼 고령의 대가야 유적들은 서민의 삶과 동떨어지지 않고 주민 곁에서 호흡했다. 대가야가 고구려, 백제, 신라와 함께 4국 체제를 형성했다고 주장하는 학자들도 있다. 고령의 속살을 들여다보면 그 학설에 더욱 수긍이 간다. 고령은 가야금의 고장이기도 하다. 대가야 시절 악성樂聖 우륵은 이곳에서 최초로 가야금을 만들었다. 현재 이곳에선 가야금 체험과 연주를 쉽게 할 수 있다. 대장간에서 불린 쇠를 두드리는 소리가 협연하는 듯 들려온다.

700여 기가 넘는 지산동 일대 고분은 색다른 모습이다

1500여 년을 거슬러 대가야를 지배하며 살았던 무덤의 주인을 만나러 가는 길은 설레었다. 고령읍 동쪽에 자리 잡은 주산主山(310m)은 그리 높지 않지만, 읍내를 내려다보며 양팔로 감싸 안은 형세를 갖춘 산이다. 오늘 걷는 길은 고령시외버스터미널을 출발해 고령향교를 거쳐 주산성에 오른 뒤 지산동 고분군을 둘러보고 대가야박물관으로 내려와 대가야테마파크까지 약 4km 정도 걷는 거리다. 파란만장했던 대가야 역사가 고스란히 남아있

는 무덤과 길을 걸으며 그들의 오래된 역사가 살아있음을 짐작하는 꿈결 같은 시간을 함께할 뿐이다. 산줄기 오솔길을 따라 한 걸음씩 옮겨 디딜 때마다 세월의 더께에 쌓여있던 대가야의 화려했던 문화가 조심스레 감춰진 속살을 내보여준다.

올라가는 계단이 고분과 잘 어울린다

고령시외버스터미널에서 내려 중앙네거리와 장터거리를 지나 고령공공
도서관을 거쳐 왼쪽으로 난 길을 따라가면 커다란 느티나무가 눈에 들어
온다. 고령향교 입구다. 계단을 오르면 너른 터 왼쪽으로 향교가 있고 외삼
문 넘어 명륜당과 대성전이 보인다. 규모는 크지 않지만 아담하다. 조선시
대에 지어진 건물로 두어 차례 이전을 거치면서 지금의 자리에 있게 됐다.
향교 옆에 '대가야국성지'라 쓰인 석조물이 있고 그 빈터 자리가 대가야국
왕궁터로 추정하고 있다. 향교 안에 사람들이 눈에 띄지만, 세월의 무게가
내려앉은 자리는 가을 햇살이 대신 차지하고 오랜 시간 잘 다져진 역사는
담담하고 의연하게 그 자리를 지키고 있다. 대가야를 호령한 도읍지였음
을 실감하는 순간이다.

파란만장했던 대가야의 위용 고스란히

크고 작은 고분군 모습이 경이롭게 다가온다

고령읍내에 있는 사적 제165호 고아동벽화고분은 대가야가 신라에 멸망하기 수십 년 전인 6세기 초 축조된 대가야 왕릉으로 추정되며, 가야 유일의 벽화고분으로 알려져 있다. 500년 왕업을 이어왔지만 남은 것은 주인조차 알 수 없는 거대한 무덤들뿐이다. 이제 깊은 잠에서 조금씩 깨어나고 있지만 남겨진 사료 부족과 후세 사람들의 무관심 속에 내버려 진 세월이 너무 길었다는 생각이 든다. 이처럼 고령에 남아있는 수백여 기의 고분 중에 도굴꾼의 손을 타지 않은 무덤 찾기가 힘들 정도라고 한다. 1963년 고아동벽화고분 발굴 때 아름다운 연꽃 그림이 발견됐지만 무덤 안 모습은 안내판에 붙어 있는 사진과 그림 몇 장으로 대신하고 있다.

향교 뒤로 넘어가면 오른쪽으로 고령학생체육관이 보인다. 삼거리에서 주산 순환길 이정표를 확인하고 주산산림욕장 입구까지 걷는다. 주산성이 있는 주산을 올라 지산동 고분군을 지나 대가야박물관까지 이어지는 길이다. 고령읍에 솟아있는 주산主山은 12개 테마 길이 있는데 1구간을 '왕릉 가는 길'이라 이름을 붙였다. 이 왕릉 가는 길을 생각 없이 서둘러 걷는다는 것은 서글픈 일이다. 그 옛날 이 길을 거닐었던 대가야 사람과 두런두런 이야기를 나누며 더디게 걸을수록 잊힌 역사를 또렷이 기억하며 확인할 수 있기 때문이다.

지산동 고분군이 자리 잡은 주산은 대가야의 진산이었다. 읍내 아래 왕궁이 있었고, 사적 제61호로 지정된 주산성이 외적의 침입에 대비해 왕궁을 보호하는 역할을 했다. 정상에 있는 주산성 성곽 대부분은 유실돼 형태를 찾기 쉽지 않지만 성의 일부였던 돌무지들이 흘러내리듯 가까스로 남아있는 것을 볼 수 있다. 대가야의 쓸쓸한 역사 흔적을 보는 듯 어수선했다. 안타까운 마음을 안고 지산동 고분군이 보이는 방향으로 발길을 옮긴다. 청금정 방향으로 가면 가파른 내리막을 내려갔다 이정표 있는 곳에서 왼쪽으로 가면 되고, 충혼탑으로 내려가면 처음 만나는 갈림길에서 오른

쪽으로 갔다 왼쪽으로 내려가면 가야지역 최고, 최대 고분군인 지산동 고
분군을 만나게 된다.

산줄기 따라 천천히 걷다 만나는 수많은 고분군에 놀라

대가야에 이처럼 강력한 정치세력이 존재했다는 걸 증명하는 게 바로
지산동 고분군이다. 이 고분군을 비롯해 함안 말이산 고분군, 김해 대성동
고분군은 2013년 12월 유네스코 세계유산 잠정목록에 등재됐으며, 2015
년 3월 문화재청의 세계유산 우선 등재 대상에 선정돼 2021년 본 등재를
목표로 하고 있다.

경주나 김해지역에서 익숙하게 보았던 평지나 산자락에 있는 고분이 산
정상 능선 따라 이어 자리한 고분은 산 아래와는 또 다른 세계다. 일제강
점기에 무자비하게 이뤄진 도굴로 인해 남아있는 유적이 많지 않지만 고
분 발굴을 통해 순장殉葬을 했던 흔적을 찾을 수 있었고 금관, 금 장신구,
대가야 번성의 원천이었던 다양한 철기 유물 등이 출토됐다.

정상 부근에 있는 고분군 모습이 아름답다

진산인 주산 남동쪽으로 뻗어 내린 능선 위에 지금까지 발견된 고분은 모두 704기이지만, 앞으로 얼마나 더 늘어날지 모른다는 지산동 고분군은 한반도 고대 역사를 우리에게 생생하게 전해주는 보물 중 보물이라는 평가를 받고 있다.

대가야가 고대국가로 성장하기 시작하는 서기 400년께부터, 신라에 멸망하는 562년 사이에 조성됐다고 알려져 있다. 고분군 규모는 총 길이가 2.4km, 너비 100~200m에 달한다. 가야 지역 최대 규모다.

가까이 또는 멀리 쭉 이어진 고분들이 말을 걸듯 다정한 모습으로 다가온다. 고분 사이를 걷노라면 새삼 삶과 죽음이 맞닿아 있음을 깨닫게 된다. 아등바등 살고 있지만 결국 죽음으로 가는 한 걸음 한 걸음이 아니던가. 이 땅을 호령하던 왕들도 우주의 법칙을 거역하지 못해 땅속에 묻혔고, 지금은 이름조차 기억 속에서 사라졌다. 대가야 사람들은 이승의 삶이 내세에 이어진다고 믿었다. 산 사람을 함께 묻었던 순장 관습도 이 때문이었다.

그나마 대가야는 생매장을 하지는 않았던 것으로 보인다. 발굴 당시 두개골이 함몰된 흔적이 남아있고, 아이를 감싸 안은 어른의 유골이 누운 자세 그대로 발굴된 점으로 미뤄 매장 직전에 숨을 거두었음을 알 수 있었다고 했다. 숱한 죽임을 지켜봤을 이 길은 아무 말이 없다. 한낮에도 그늘만 이어지는 빼곡한 솔숲 사이로 나무만큼 많아 보이는 작은 봉분들이 솟아 있다. 나무에 가린 채, 세월에 잊혀진 채 숨어버린 봉분도 적잖이 많을 것이다. 가장 높은 곳에 위치한 지산리 44호 고분은 국내에서 최초로 확인된 순장무덤이다. 내부를 원래 모습 그대로 대가야왕릉전시관에 재현해 놓았다. 거대한 순장 무덤을 연이어 만난다. 굼실굼실하게 늘어선 고분은 한 굽이 너머까지 쭉 이어진다. 고령 읍내가 다 내려다보인다.

한 무리 젊은 사람들이 고분 사이로 난 길을 따라 내려가는 모습이 비장해 보인다. 고분길을 거의 내려오면 조금 전 보았던 건너편 고분을 보기

대가야박물관에 고령 지역 역사, 문화 관련 유물들이 전시돼 있다

위해 대가야 통문을 지나 계단에 올라서야 한다. 지나왔던 반대편 고분을 다시 본다. 무덤에 묻힌 죽은 자들이 조곤조곤 들려주는 이야기를 떠올리며 잠시 생각에 잠긴다.

고분길이 끝날쯤 봉문 모양으로 둥글게 지은 왕릉전시관에 들러 국내 최대 순장묘인 지산리 44호 고분 내부 모습을 고스란히 재현해 놓은 것을 구경하고 내려오면 대가야박물관이다. 이곳에는 대가야국을 중심으로 고령 지역의 역사, 문화 관련 유물들이 전시돼 있다. 항상 스쳐 지나가는 것이 시간이지만 오래된 유적들은 역사로 남아 과거의 흔적을 현재에 남기고 지나간 시간을 증명한다. 과거의 유물과 몇 세기를 건너 함께 했던 오늘을 기억하며 언제나 이곳을 다시 찾을 이유가 생겼으면 좋겠다. 언젠가는 마주쳐야 할 생과의 이별을 떠올리며 묘비명을 생각해본다. 죽은 자는 말이 없다는 걸 이 길에서 다시금 느낀다.

대가야고분군 모습이 생과 이별을 떠올리게 한다.

위치 경북 고령군 대가야읍 중앙로 29
교통 자가운전, 대중교통
코스 고령터미널~고령향교~지산동고분군~대가야박물관 (편도 3.8km)
문의 고령군 관광진흥과 054-950-6661

칠곡,
가산산성길

참혹했던 6·25 전쟁이 할퀴고 간 길 따라 '평화의 새살' 싹트다

진남문은 가산산성길 출발지이다

바야흐로 '평화의 시대'이다. 반목과 질시에서 이해와 화해로 우리는 건너갈 수 있을까. 자꾸만 마음 한쪽이 불안해지는 건 역사의 경험 때문일 것이다. 지금부터 70년 전에 가장 치열했던 6·25 전쟁이 지나갔던 경북 칠곡 가산산성을 찾았다.

진남문에서 출발해 다시 돌아오는 코스

모든 경계에는 긴장이 흐른다. 이해관계가 맞부딪치는 까닭이다. 이해 충돌이 가장 첨예한 경계 중 하나가 성城이 아닐까 싶다. 험준한 산성에서

의 전투는 처절하다. 병자호란 당시 남한산성이나 임진왜란 시절 행주산성이 그 대표적인 예다. 국토의 70%가 산지인 우리나라에는 1200여 곳의 산성터가 있다고 한다. 산성에 얽힌 역사적 상흔이 숱한 것은 외세 침략을 많이 받았던 것도 한 이유일 것이다. 가산산성은 현대사의 상처가 얼룩진 곳이다. 조선 인조, 숙종, 영조 때 각각 내성 외성 중성이 차례로 축성됐고 성곽의 총 길이는 7km가 넘는다. 산성이 축조된 후 큰 외세의 침입은 없었지만, 6·25 전쟁 당시 가산산성 부근에 엄청난 양의 폭탄이 떨어질 정도로 처절한 혈전이 벌어졌던 곳이기도 하다. 이처럼 과거에는 중요한 전략적 요충지였지만 세월은 그렇게 가산산성에서 조금씩 끔찍한 전쟁의 상흔을 지우고 자연의 모습으로 돌아와 가산산성과 가산바위까지 이르는 숲길을 따라 오붓하게 걸을 수 있는 걷기 명소가 됐다.

동문 양쪽으로 날개처럼 뻗어 나간 성곽 모습이 인상적이다

팔공산 서쪽 끝자락 가산(802m)에 있는 가산산성길 걷기 시작은 진남문에서 시작해 동문을 거쳐 중문 지나 가산바위를 오른 뒤 다시 진남문으로 돌아오는 길이다. 총 거리는 약 10.6km에 4시간 30분가량 걸린다. 걷는 길은 험하지 않고 울창한 활엽수림으로 이어져 있어 쉬엄쉬엄 오르기 좋다. 가산산성은 산 정상에서부터 계곡 아래까지 감싸 안은 '포곡식包谷式'과 산 정상부를 테로 두른 것 같은 '테뫼식' 축성법을 섞어 만들어졌다. 가산 정상에는 험준한 골짜기를 따라 축조한 가산산성이 오롯이 남아있다. 조선시대 산성 흔적도 들러볼 수 있을뿐더러 널찍한 가산바위에 오르면 시원한 조망이 끝없이 펼쳐진다.

큰 돌로 튼튼하게 쌓아 올린 성벽 가운데 가산산성 정문인 진남문 위에 누각이 올라 서 있고 '영남제일관방嶺南第一關防'이란 현판이 걸려 있다. 영남 제일의 방호 시설이라는 뜻일 게다. 안으로 들어서면 진남문 현판과 잘 축조된 성곽이 보인다. 짧은 길을 오르면 갑자기 숲이 열리면서 금강역사의 무서운 얼굴과 마주친다. 성안에 있는 해원정사解圓精舍로 1965년 용성사로 창건됐다가 1981년 현재의 이름으로 개칭됐다. 대웅전 뒤쪽을 향해 가면 돌담을 두른 단 높은 터에 가산산성 외성 축조를 주도한 관찰사 '이세재불망비李世載不忘碑' 비각과 6기의 비석이 있다. 가산산성을 담당하던 관찰사와 별장의 영세불망비로 높은 분들의 공덕을 칭송하는 비석이다. 가산산성 축성 당시 10만 명의 백성이 동원됐고 많은 사람이 공사 중에 죽었다고 하는데 백성들의 노고를 치하하는 비석 하나쯤 있었으면 하는 아쉬움이 든다.

절 오른쪽으로 비켜 오르자 탐방지원센터가 나타난다. 길가에 '6·25 전사자 유해 발굴 기념지역'이란 작은 안내판이 있다. 2000년에 시작된 유해발굴은 11년 동안 진행됐고 국군 전사자 26구를 찾아냈다고 한다. 가운데에 부직포가 깔려 있는 길을 따라 오르면 동문과 치키봉 방향 이정표를 만난다. 치키봉 방향은 에둘러 가는 완만한 길로 시간이 오래 걸린다. 어느 방향으로 가도 동문에서 만난다.

곧바로 올라가면 박석이 깔린 숲길로 약간 경사도가 있는 길로 동문까지 3.2km다. 조금 힘이 들어도 숲길을 걷는다. 숲길을 20여 분 정도 오르면 임도와 만나는 삼거리가 나온다. 힘겨운 오르막은 여기서 끝나고 울창한 활엽수림 사이로 난 완만하고 넓은 길이 가산 산자락을 지그재그로 휘감고 오른다. 산행이라기보다는 쉬엄쉬엄 걷는다는 표현이 오히려 더 어울린다. 임도 주변에는 큰 돌들이 무리를 이루고 있는 것을 볼 수 있다. 빙하기 흔적이 남아있는 크고 둥글며 일정한 장축방향성을 가졌다. 모가 나거나 작은 돌이 무리를 이루고 있는 너덜과는 모양이 다름을 알 수 있다. 빗자루로 돌을 쓸어 올려 가산산성을 만들었다는 얘기가 전해오는데, 이 돌이 바로 돌강의 화강암이다.

돌강이라 불리는 빙하기 흔적이 남아있는 크고 둥근 화강암이다

삼거리에서 시작된 숲길은 제법 울창하다. 소나무도 눈에 띄지만 대체로 활엽수가 주종을 이룬다. 가을이 깊어지면 숲길 곳곳은 울긋불긋 화려한 색감으로 만산홍엽을 이룰 것이다. 한 굽이 휘감아 오를 때마다 조금씩 산세는 높아지고 키 작은 산들의 모습이 너른 숲 사이로 차례차례 모습을 드러낸다. 산비탈을 거슬러 오르는 바람이 숲길을 지나면 하늘 위에서는 나뭇잎이 춤을 추고 떨어진다. 입체감이 느껴지는 늦가을은 숲길을 걷는 내내 눈과 귀를 즐겁게 한다.

험준한 골짜기에 축조한 산성 모습 그대로

갑자기 탁 트인 하늘이 보이고 복수초 군락지가 펼쳐진다. 복수초는 4, 5월 누런색 꽃이 피는데 황금색 잔을 닮았다 해서 금잔화라고도 불린다. 이곳 복수초 군락지는 세계 최대 규모로 알려져 있다. 지그재그로 이어진 길을 몇 차례 오르다 넓은 분지에 이르면 왼쪽에 성벽이 나타나고 오른쪽에 동문이 자리 잡고 있다. 동문 양쪽으로 날개처럼 뻗어 나간 성곽 모습이 인상적이다. 동문 좌우로 치성처럼 바깥쪽을 향해 돌출되게 성을 쌓아 더욱 견고해 보인다. 차곡차곡 쌓인 돌에는 이끼가 낀 채로 남아있고 오랜 세월 동안 모진 풍파를 겪은 탓에 예스러움이 그대로 묻어난다.

동문에서 중문으로 오르는 길은 두 갈래로 나뉜다. 동문에서 직진해 올라가면 최근 발굴 조사를 끝내고 가지런히 정비해 놓은 칠곡도호부 터를 만난다. 성에는 동·서·북문 등 3개의 대문과 함께 8개의 암문이 설치됐다. 또 4곳의 포루와 1곳의 장대, 21개의 샘과 우물을 조성했다. 내성이 완성된 지 60년 후 외성을 쌓았는데 둘레가 약 3km로 남문과 암문 3개가 설

완벽하게 남아있는 동문 성곽 모습이다

치됐고 천주사天柱寺를 지어 승창미僧倉米를 보관했다고 한다.

중성은 영조 17년(1741)에 축성됐는데, 길이 460m에 중문과 문루 1개가 만들어졌다. 중성은 비축미를 보관하는 데 사용했으며, 중요 시설은 대부분 내성 안에 있었다. 이처럼 가산산성은 행정 중심지이기도 했다. 내성이 완공되던 해 이곳에 종3품 도호부사가 다스리는 칠곡도호부를 설치하고 군위·의흥·신녕·하양 네 현을 관장케 했다. 관리에 불편한 점이 많아 순조 19년(1819년) 당시 경상감사로 있던 추사 김정희 아버지 김노경의 건의로 도호부가 팔거현(칠곡읍)으로 옮겨졌다.

일본잎갈나무라는 낙엽송 숲길을 지나면 금새 중문이다. 중문은 현재 복원 중이라 오른쪽으로 우회해 올라야 한다. 중문까지 왔다면 가산바위는 꼭 올라봐야 할 곳 중 하나다. 중문에서 내리막길을 따라 걸어가면 복수초 군락지와 낙엽송 숲이 눈을 현혹하고 하늘을 향해 두 팔을 뻗은 잎들이 노랗게 물들어 장관을 이룬다.

보존상태가 좋은 성벽이 중문까지 이어져 있다

팔공산 명산이 파노라마처럼 펼쳐져

가산바위 이정표가 보이고 계단을 오르면 널찍한 가산바위다. 가산바위는 윗부분 면적이 약 270㎡에 달하는 너럭바위로 수백 명이 모여 앉아있을 정도로 널찍하다. 바위 가운데 큰 구멍이 나 있는데, 신라 말기 고승 도선高僧 道詵(827~898)이 지기地氣를 누르기 위해 쇠로 만든 소와 말을 이곳에 묻었다는 전설이 있다.

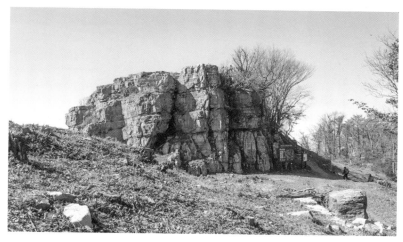

가산바위에 올라서면 탁 트인 전망이 일품이다

올망졸망 솟아있는 산세뿐 아니라 산자락이 겹쳐져 이어진 모습은 이곳에서 누릴 수 있는 풍경이다. 팔공산과 비슬산, 합천 가야산, 구미 금오산 등 대구권 내 명산들이 파노라마처럼 펼쳐진다.

내려가는 길은 가산바위에서 내려와 보존상태가 좋은 성벽 따라 중문을 향해 걷는다. 일부 복원을 마친 중문을 올랐다 남포루 방향으로 내려오면 발길을 멈추게 되는 낭떠러지 벽이 남포루다. 왼쪽으로 내려서면 1954년 집중 폭우로 성벽 일부가 유실됐지만 수구문과 성벽을 원형대로 잘 복원해놓았다.

성문 모양이 두 가지 양식이 섞여 있다. 남문은 무지개 모양의 반원형인 홍예문으로 이뤄져 있는 데 반해 다른 성문들은 앞쪽은 홍예문, 뒤쪽은 사각형 모양의 평거문으로 만들어진 조선 후기 축성 기법을 잘 보여주고 있다.

가산바위에 올라온 탐방객이 환호성을 지르고 있다

수구문과 성벽을 원형대로 잘 복원해놓았다

복원된 수구문터를 지나면 이내 동문이다. 주변에 쉼터가 잘 조성돼 있어 많은 사람이 쉬었다 가는 곳이다. 동문에서 진남문까지는 왔던 방향으로 다시 내려가면 된다. 가산산성길을 걸으며 치열했던 6·25 전쟁의 와중에 목숨을 잃은 젊은 군인에 대한 위로와 지금도 진행 중인 평화회담이 잘 진행되길 기도해본다.

위치 경북 칠곡군 가산면 가산리 산 98-1번지
교통 자가운전, 대중교통
코스 진남문~탐방안내소~삼거리~동문~중문~가산바위~진남문 (왕복 10.6km)
문의 칠곡군 문화관광과 054-979-6087

성주,
독용산성길

돌로 쌓은 성곽과 어우러진 수려한 풍경따라 역사를 걷다

무너진 산성을 걷기 좋게 복원해놓았다

흔히 오지라 하면 흔히 강원도 깊숙한 산골을 생각한다. 그러나 우리가 살고 있는 경북 도내 주변에도 첩첩 산골 오지가 여럿 있다. 그중에서도 경북 성주군 독용산禿用山(955m) 일대는 성주군에 있는 '오지 중 오지'로 알려져 있다.

임진왜란에도 화를 입지 않은 유일한 산성

독용이라는 소리만으로도 예사롭지 않은데 대머리 독禿자의 뜻이 더욱 궁금증을 자아내게 한다. 민둥산이라는 뜻인지 아니면 독옹禿翁의 그것처

약간 난이도가 있어 접근하기 쉽지 않지만 또 다른 즐거움을 준다

럼 빛을 받아 반짝인다는 뜻인지 알쏭달쏭한 이미지를 연상시킨다. 그런 의미에서 성주 독용산성길은 매우 독특하고 특별한 의미를 가진 길이다. 경상북도에 많은 길이 있지만 길 앞에 산성이라는 이름을 가진 길은 독용산성길과 칠곡군에 있는 가산산성길이 있다. 우리가 일반적으로 알고 있는 평탄하거나 유유자적하며 걷는 길과는 거리가 멀다. 그래서 약간 난이도가 있어 접근하기도 쉽지 않다. 하지만 이런 길을 걷는 일은 또 다른 즐거움이다. 누구나 인생이라는 길을 걸으며 희로애락이 있는 것처럼 길에도 희로애락이 있다. 돌로 쌓은 성벽과 어우러진 수려한 풍경을 볼 수 있고 마음에 품고 있던 울적함을 털어낼 수 있는 시원한 바람과 함께 다르게 다가오는 풍경이 있기 때문이다.

깊은 역사가 숨어 있는 독용산성은 영남 일대에서 가장 큰 규모의 산성으로 알려져 있다. 약 6km에 이르는 복원된 성곽길과 허물어진 옛 성곽을 따라 걷는 길은 수북하게 쌓인 낙엽과 함께 높은 곳에서 느낄 수 있는 풍경에 저절로 노래가 나오고 취하게 만드는 길이다. 돌로 쌓은 천혜의 요새였던 독용산성길을 걷는다는 것은 과거를 거슬러 올라 천천히 되새김질하며 그 당시 역사를 따라가는 길이다.

산꼭대기까지 돌로 축성했던 포곡식 방식 산성이다

4세기 중엽 성산가야시대에 축조된 산성으로 추정

출토 유물로 볼 때 1500여 년 전인 4세기 중엽 성산가야시대에 축조된 것으로 추정되며 이후 통일신라, 고려를 거쳐 조선 중기에 이르기까지 1000여 년 세월 동안 세인들의 관심에서 벗어나 있다가 임진왜란 때 왜군을 피해 피난 가는 길에 발견되었다고 한다. 숙종 원년 1675년 관찰사 정중휘가 개축했다는 면적 170,000여㎡, 둘레 7.7km, 높이 2.5m, 너비 1.5m인 독용산성은 물이 풍부해 장기전에 대비할 수 있었고, 산꼭대기까지 포함해 돌로 축성했던 포곡包谷식 방식의 산성이다. 임진왜란 땐 전쟁의 화를 입지 않은 유일한 산성으로 확인돼 경상북도 기념물 105호로 지정되었다. 1997년부터 일부 복원을 시작하여 현재 모습을 갖추게 되었다. 처음 축조된 성벽은 주변에서 쉽게 구할 수 있는 화강암을 깨뜨려 쌓은 것으로 조사되었다. 아랫부분에 큰 돌을 깔고 위로 가면서 작은 돌을 흩어 쌓았으며 사이 사이에 잔돌 끼움을 하여 성벽의 틈새를 빈틈없이 메웠다.

성 안에는 동서남북 네 방향의 성문터와 수구, 포루, 망루, 객사, 군기고, 창고 등이 있었던 건물터, 연못과 우물터 등이 남아있다. 일제강점기 때 발굴 조사한 군기고에서는 쇠도끼, 쇠창, 쇠화살, 삼지창, 말안장, 갑옷 등이 출토됐다. 조선 말기에는 군사적 필요성이 없어지고 방치되면서 성곽과 시설물이 많이 허물어졌다.

성곽 사이에 설치된 망루가 견고해 보인다

최근 복원된 성곽 일부와 동문을 제외하면 당시 모습을 찾기 어렵다. 굽이굽이 산길을 따라 오른 후 마주한 독용산성은 그 위용에 발걸음이 저절로 멈추어진다. 독용산성길은 지형적인 여건으로 쉽게 찾거나 걷기 힘든 길이지만 한 번쯤 걸어 볼 가치가 있는 길이다.

출발은 성주군 가천면 금봉리 시엇골 마을이다. 이 마을에서 걸어서 올라가도 되지만 일단 차로 금봉리 숲과 오왕사를 지나 좁은 도로를 따라가다 보면 독용산성 안내판이 보이고 오른쪽으로 난 임도를 따라 6.2km 올라가면 멀리 동문이 보이는 그리 크지 않은 주차장에 도착한다. 임도는 차 한 대 겨우 지나갈 만큼 좁고 시멘트로 포장되어 있어 운전하기는 어렵지 않지만 주의를 기울여야 한다. 꼬불꼬불 이어진 산길을 굽이 돌 때마다 빼어난 조망이 펼쳐진다. 첩첩이 겹친 가야산 준령들이 손에 잡힐 듯 다가왔다가 멀어지고 까마득한 절벽 아래에는 작은 집들이 점점이 흩어져 있다.

최근 복원된 성곽 일부와 동문을 제외하면 당시 모습을 찾아보기 어렵다

걷기는 주차장을 출발해 동문, 독용산 정상, 북문지를 거쳐 벽진 장군 대첩비가 있는 옛 마을터를 거쳐 임도 따라 동문으로 해서 주차장으로 다시 돌아오는 5.2km 길이다. 약 3시간 정도 걸린다. 독용산성길은 간간이 이어지는 성곽길을 따라 걷는다. 울창한 숲과 주변의 산세를 조망하는 재미와 곳곳에 숨겨진 과거의 흔적을 찾아보는 즐거움이 있다. 주차장에서 곧장 임도를 따라 걸어 올라가면 복원된 성벽을 만나게 된다. 이 지점에서 성벽길을 따라 올라가면 동문에서 오르는 길과 나중에 만나게 되지만 무척 가파르고 힘이 들기에 임도 따라 동문으로 가기를 권한다.

동문은 주변의 치성, 성곽과 함께 최근에 복원된 것으로 아치형을 하고 있다. 복원된 동문 입구는 예전 돌과 새로운 돌이 가지런히 자리 잡아 정돈되었는데 그런대로 조화를 이루고 있다. 동문 입구 주변에는 산성 곳곳에 흩어져 있던 비석을 한데 모았는데 불망비와 선정비가 대부분이다.

비석이 있는 오른쪽 성곽으로 향하면 독용산 정상으로 가는 길이다. 동문지에서 산성 보수를 위해 조사하는 분들을 만났다. 산성을 둘러보는 데 얼마나 걸릴지 물어보니 얼마 안 걸리고 금방이란다. 물론 선의의 거짓이라 그냥 웃어넘긴다. 사실 시골이나 길을 걷다 만나는 사람에게 물어보면 먼 길도, 가까운 길도 금방이라고 한다. 어쩌면 걷는 것에 시간은 의미가 없는 것은 아닐까 하는 생각이 든다.

세월 풍파 견디며 닳아 버린 길

잘 축조된 성곽을 따라 오르니 처음 만난 갈림길에서 가파른 성곽길 따라 걸어온 길을 다시 만난다. 산 아래에는 물을 가득 담은 성주댐이 시야에 들어오고 멀리 햇살에 반짝거리는 대단위 비닐하우스 단지도 내려다보인다. 성주 특산품인 참외를 재배하는 하우스다. 잘 정비된 성곽길이 끝나면 숲길이 이어지고 심하게 무너져 산만하게 흩어진 돌길이 나온다. 세월의 흔적을 모진 풍파로 견디며 조금씩 닳아버린 길이다. 수북하게 쌓인 낙엽을 밟고 가는 재미도 쏠쏠하다. 담요처럼 푹신한 낙엽을 밟으면 서걱서걱 거리는 낙엽 소리가 정겹다. 독용산 정상이 얼마 남지 않았다는 낡은 나무 이정표를 지나니 이내 헬기 착륙장이 있는 독용산 정상이다. 겹겹이 보이는 산자락과 산 아래 동네가 시원하게 펼쳐진다. 서쪽으로 대덕산과 백두대간 능선이, 남쪽으로 가야산이 장쾌하게 솟아있다.

북문지를 향해 걷는다. 가는 길 곳곳에 허물어지고 무너져 내린 돌로 쌓은 성벽 흔적이 자주 보인다. 탁 트인 하늘 사이로 건너편 산 능선이 함께 따라온다. 북문지에 이르니 숲이 우거진 상태로 있어 사람의 손길이 필요해 보였다. 아마 높은 곳에 있다 보니 장비나 인력 그리고 자재 운반 같은 문제 때문에 복원하기 힘들어 보였다. 북문지에서 울창한 숲을 내려가다 길이 막히는 곳에서 왼쪽으로 방향을 틀면 드넓은 초원지대가 나온다.

성곽을 따라 계속 가면 서문지로 향하고 초원지대로 이어진 길을 쭉 따라가면 동문으로 가게 된다. 분지 모양을 한 초원지대는 객사와 군기고 같은 옛 건물지와 마을이 있던 자리지만 잡풀로 가득하다. 해방 전후에 약 40여 가구가 살았으나 1960년도에 모두 철거했다고 한다. 임도 따라가다 보면 왼쪽에 벽진 장군 대첩비가 세워져 있다. 벽진 장군은 벽진 이씨 시조인 이총언李悤言으로, 고려 태조 왕건을 도운 개국 공신이다. 대첩비 주변에는 독용산성에 오면 꼭 마셔야 한다는 옛 우물터가 있다는데 보이지 않는다. 또한 주변에 비닐하우스가 있는 것으로 보아 최근에 농사를 지은 흔적을 볼 수 있다. 대첩비를 지나 오후 햇살이 내려앉은 길을 따라가면 처음 만났던 동문에 다다른다.

최근 복원된 성벽 일부 모습

　우리나라에는 유난히 산성이 많다. 산악지형인 이유도 있지만 잦은 외세 침략으로 이를 대비하기 위해 산성을 축조했기 때문이다. 주변보다 높은 산성을 쌓으니 조망은 더할 나위 없이 좋은 환경을 갖추게 되었다. 이렇게 아름답고 멋진 풍경을 즐길 수 있는 것은 이 산성을 쌓아 올렸던 우리 선조들의 고되고 힘든 땀의 대가가 아니었을까 하는 생각을 하면 마음이 숙연해진다. 독용산성길은 선조들의 아련한 숨결이 진하게 서려 있는 역사의 현장이며, 뛰어난 풍경과 호젓한 숲 그리고 성벽을 따라 이루어진 걷기 좋은 길이다.

위치　경북 성주군 가천면 금봉리 산 42-1 일원
교통　자가운전, 대중교통 (택시)
코스　독용산성 주차장~동문~독용산~북문지~동문지~주차장 (왕복 5.2km)
문의　성주군 문화관광과 054-930-8371

경산,
갓바위 가는 길

하늘과 닿아 있는 너른 갓 모양, 판석에 간절한 중생들 소망 가득

경북의 영산으로 꼽히는 팔공산八公山(1193m). 해발 고도는 그리 높지 않지만 대구를 비롯해 영천·경산·군위·칠곡 등 경북 내륙의 5개 시·군을 아우르는 우람한 산이다. 통일신라 때는 동쪽 토함산, 서쪽 계룡산, 남쪽 지리산, 북쪽 태백산 중심에 있다고 중악中岳으로 불리기도 했다. 팔공산 주변에는 크고 작은 절집이나 굿당들이 즐비하다. 특히 동쪽 끝자락 해발 850m 관봉 정상에 앉은 '관봉석조여래좌상'이 영험하다는 것은 널리 알려져 있다.

영험한 기도처로 알려진 약사신앙의 명소

불상이 갓 모양의 너른 판석을 이고 있어 흔히 '갓바위'로 불리는 이 불상은 현세의 구복을 비는 약사신앙의 명소이다. 이 불상은 신라 선덕여왕 때 만들어졌다고 전해지지만 조성연대나 목적은 명확하지 않다. 소원성취와 관련한 설화나 구전 하나쯤 있을 법한데도 전해지는 것이 없다.

갓바위 불상 존재가 알려진 것은 1960년대 초 어느 일간신문 기사에 의해서다. 천 년 넘게 지내다 잠을 깬 지 이제 60년도 채 안 된 셈이다. 이 불상의 영험함은 실제나 전설로도 증명된 바 없지만 수능 시험 때나 연말 연시 특히 새해가 시작되는 1월이면 간절한 소원을 가진 사람들이 모여든다. 무엇이든 '보아야 믿는' 불신의 시대에 사람들은 왜 소원성취했다

관봉 정상에 있는 '관봉석조여래좌상' 모습

　　는 구전 하나 없는 갓바위의 영험함에 기대는 것일까. 그건 소원을 이뤄줄
것이라는 확고한 믿음보다는, 그저 소원을 말할 수 있는 대상으로의 역할
만으로 충분하기 때문이 아닐까 싶다. 묵은 한 해를 보내고 또 한 해를 맞
이해야 하는 시기에 잠시 지나온 삶을 조용히 되돌아보며 다시 주어지는
365일이라는 정갈한 시간 앞에서 결의와 소망 하나쯤 다져보는 것은 어

떨까 싶다. '첫 마음'을 내기는 쉬워도, 이를 끝까지 가져가는 일은 어렵다. 그렇다면 묵은해를 보내고 새해에 비는 소원이란, 스스로의 의지를 묻는 시간 앞에서 첫 마음을 끝까지 가져갈 수 있기를 바라는 일에 다름이 아닌 것 같다.

새해 소원 하나 깊이 품고 팔공산 자락에 있는 영험하기로 소문난 '관봉 석조여래좌상'을 만나기 위해 경산 시내에서 선본사 가는 시내버스를 탔다. 버스는 사람들로 가득하지만 불평 한마디, 눈살 찌푸리는 사람이 없다. 아마 갓바위를 가는 이들은 모두 기도하는 마음이고 서로의 마음이 담긴 염원을 방해하지 않으려고 조심스럽게 배려하고 있다는 것 아닐까 싶다.

이른 아침 선본사에서 갓바위가 있는 관봉으로 오르는 산길은 흰 입김을 내쉬며 묵은해를 보내고 다가올 새해 소망을 빌러 오르는 사람들로 가득했다. 가파른 계단을 두세 걸음마다 한 번씩 쉬면서, 때 묻은 손수건을 꺼내 땀을 닦으면서도 오르기를 포기하지 않는 촌로村老들이 한둘이 아니다. 이들이 품은 소망과 기원이 그만큼 깊은 것 아닐까 싶다.

840여 계단을 올라야 만나는 갓바위 부처

연말연시를 맞아 몰려든 기도객은 줄을 서듯 다사다난했던 한 해를 풀어내며 사람들은 돌계단을 오른다. 양초 몇 개와 공양할 쌀이 담긴 작은 배낭을 멘 촌로들은 이마에 땀을 닦아내며 자주 난간에 기대어 쉰다. 무릎을 절룩이면서, 굽은 허리를 두드려가면서 묵묵히 관봉을 향해 오른다. 돌계단과 철 난간으로 이뤄진 길은 구불구불 끝이 없다.

공양간이 있는 곳에서 잠시 숨을 돌린 뒤 무와 고추 장아찌를 잘게 다진 찬에 밥 그리고 맑은 된장국으로 원기를 보충한다. 다시 가파른 돌계단을 오르면 대웅전이다. 이곳에서 한 번 더 숨을 고른 뒤 더 오르면 갓바위 부처가 있는 관봉 정상 '산정법당'이다. 초입의 가파른 시멘트와 840여 개 넘는 돌계단을 오르니 갓바위 부처께서 말없이 맞아주며 "너는 또 무슨 일로 여기까지 왔느냐"고 물으시는 것 같다.

점심 공양으로 나온 단출한 음식을 달게 비운다

우뚝 솟은 암봉에 정좌한 높이 5.6m의 거대한 석불 앞에는 향불이 피어오르고, 그야말로 발 디딜 틈조차 없다. '약사여래불'을 외는 독경 소리에 맞춰 촘촘히 매달린 소원등 아래는 방석을 펴놓고 108배를 올리는 기도객으로 빼곡하다.

석불이 올라앉은 바위에는 소원을 외며 동전을 붙이는 소망의 손들로 가득하다. 한 촌부는 찬 바닥에 몸을 낮추고 땅에 머리를 대고 일어설 줄 몰랐다. 무엇이 그리도 간절한지 방석 위로 눈물이 툭툭 떨어지는 것을 보았다.

너무 간절해 보여서였을까. 갓바위 부처 앞에 머리 숙인 사람들에게서는 사실 희망에 대한 기대보다는, 삶에 지친 표정들이 먼저 읽혔다. 자신의 희망은 누군가 이뤄주는 것이 아니라, 스스로 성취해 나가야하는 것임을 저들은 왜 모를까. 그럼에도 이렇게 무거운 짐을 부리듯 소망을 내려놓고는 찬바람 속에서 두 손을 모아 간절하게 기원하는 까닭은, 그 소망의 대상이 자신을 향한 것이 아니라 대개가 가족을 위한 것이기 때문일 것이다.

모든 소원이 불꽃처럼 피어올랐으면

바위 벽에 동전을 붙이고 간절하게 기도 올리는 사람들

가족들의 건강, 자녀의 취업, 사업 번창 등 모은 손이 간절하면 간절할수록 그 소망은 작거나 소박한 것이 틀림없다. '로또 복권 당첨' 따위의 허황한 소망이 저리도 간절할 턱이 없기 때문이다. 하루에 3000에서 5000명, 연말연시나 입시철에는 몇만 명이 찾아와 지폐 몇 장을 불전함에 넣고 몇 배의 원가가 드는 소원을 빌고 있으니 그 소원 다 들어주시려면 무척 힘드실 것 같다.

대자대비 부처님이 아니라면 짜증이라도 내련만 오늘도 갓바위 부처님은 온화한 미소로 중생들의 소원을 들어주고 계시는 것 같다. 부처님의 공덕이든 하나님의 은혜이든 세상의 모든 소원이 봄날의 꽃잎처럼 피어올랐으면 좋겠다.

갓바위 부처 오른쪽 아래 바위벽에 동전을 조심스레 붙이는 사람들이 보인다. '붙인다'기 보다는 '얹는다'가 더 정확한 표현일 듯싶다. 떨어지지 않아야 소원이 이뤄진다는 속설이 있다고 하니 말이다.

낙숫물이 바위를 뚫듯 기도를 올리라고 적힌 현수막이 보이고 잠시 난간에 기대어 사방을 둘러 본다. 희미한 실루엣으로 물결치는 산야, 보석처럼 반짝이는 도시의 풍경, 대낮을 밝히는 촛불의 일렁임까지 갓바위 부처님은 말없이 굽어보고 있다.

새해 첫날 관봉 갓바위에 올라
찬바람에도 끄떡없이 좌정한
석조여래 좌상을 향해 머리 숙여
간절히 올리는 기도의 흔적이
땀과 눈물로 흘러내렸습니다

햇살 거둔 그늘엔 등 굽은 노모의
눈썹 같은 쌀꽃이 매달려 떨고 있고
들숨과 날숨이 허공에서 춤을 추지만
공양간에 기도 차 들른 성에꽃이
반짝이는 사리로 피어났습니다

늙은 보살이 담아준 하얀 쌀밥은

나락에서 다시 밥알로 태어나
시래기 몇 점 든 시큼한 된장국
짜디짠 무 몇 조각을 복스럽게
먹는 모습이 생불生佛처럼 보였습니다

촘촘하게 매달린 소원등 사이로
무거운 짐 부리듯 소망을 내려놓고
산정 법당에 엎드려 비는 생불들
꿈이 되어 하늘로 올라가거나
꿈이 되어 땅으로 내려옵니다

'갓바위 부처' 졸시 전문

이젠 이 간절함이 넘치는 특별한 공간을 떠나야 한다. 갓바위 부처를 바라보며 왼쪽으로 내려가면 대구 방향이다. 선본사로 가기 위해 잠시 들렀던 유리광전은 입구에서부터 이어지는 삼천 개의 갓바위 부처상과 연꽃 초가 인상적이다. 대웅전으로 내려와 처음 올라왔던 돌계단을 버리고 해우소 지나 약사암 쪽으로 내려간다.

산길과 돌계단이 드문드문 이어진 호젓한 길을 내려가면 커다란 약병을 든 약사여래불이 있는 약사암에 들렀다 다시 올라와 선본사 이정표를 따라 계속 내려가면 부드러운 오솔길이 아름답게 이어진다.

가파른 나무계단을 따라 내려가면 처음 올라온 길과 만나고 이내 선본사에 다다른다. 수시로 변하는 생각과 상을 좇아 헉헉거리며 살아왔다. 그럴수록 뒤안길은 늘 허전하다. 한 해를 보내고 새해를 맞을 때면 통과의례처럼 참다운 모습에 눈을 뜨며 살겠다고 다짐한다. 삶에 대한 최소한의 예

소원성취 엽서를 느린 우체통에 넣었다

의라고 믿기 때문이다.

　기도를 마치고 내려오는 사람과 홀로 봇짐을 지고 오르는 불자들의 발걸음에는 단련된 익숙함이 편안해 보인다. 나는 그들의 얼굴에서 마음을 밝혀 주는 고요한 즐거움을 읽는다. 새해에는 누군가를 물리치게 해달라거나, 내가 어떤 자리에 앉게 해달라는 소망은 다 거두고, 첫 마음 그대로 한 해를 보낼 수 있기를 기원해본다.

　　1월 1일 아침에 찬물로 세수하면서 먹은 / 첫 마음으로 1년을 산다면 /… / 사랑하는 사이가 / 처음 눈이 맞던 날의 떨림으로 내내 계속된다면 / 첫 출근 하는 날 / 신발 끈을 매는 마음으로 직장 일을 한다면 /…

정채봉 시 '첫 마음' 중에서

내 소망이 타인의 고통이 되는 소원보다는 이렇듯 초심을 지켜내는 것이야말로 묵은 한 해를 보내고 새로 맞이하는 한 해의 소원을 이루는 첫걸음이 아닌가 싶다.

위치　경북 경산시 와촌면 갓바위로 81길 176-64

교통　자가운전, 대중교통 (시내버스)

코스　갓바위 주차장~선본사~갓바위~약사암~선본사~주차장 (왕복 2.8km)

문의　경산시 문화관광과 054-810-5362

길, 경북을 걷다

ⓒ2020 윤석홍

인쇄 2020년 11월 10일
발행 2020년 11월 15일

지은이 윤석홍
펴낸곳 도서출판 나루
주소 경북 포항시 북구 우창동로 80, 112-202
전화 054-255-3677
팩스 054-255-3678
출판등록 제504-2015-000014호

ISBN 979-11-956898-6-6 03090

이 도서는 2020 코로나19 극복 지역문화예술 창작활동비 지원사업 지원금을 받아 발간했습니다.